VIRUS ASESINO
Expuesto!

Nuevas cepas de covid-19 y o gran reinicio, la agenda 2030, los chips 5G y los pasaportes vacunas?

-

Estado profundo y la élite - Control de la población - ¿un futuro globalista?

AF405786

Rebel Press Media

Descargo de responsabilidad

Nuestros otros libros

Consulte nuestros otros libros para ver otras noticias no divulgadas, hechos expuestos y verdades desacreditadas, y mucho más.

Únase al exclusivo Círculo de Medios de Comunicación de Rebel Press.

Todos los viernes recibirás en tu bandeja de entrada nuevas actualizaciones sobre la realidad no denunciada.

Inscríbase hoy aquí:

https://campsite.bio/rebelpressmedia

Introducción: ¿No hay pruebas?

Centro Nacional de Inmunización y Enfermedades Respiratorias: El virus del SARS-CoV-2 nunca se aisló ni siquiera de un paciente - El director de los CDC reconoce en televisión que las "vacunas" NO previenen las infecciones

Así que, efectivamente, todo era gripe o algún otro virus respiratorio existente. Esto se puede decir ahora con certeza después de que el CDC respondiera finalmente a varias peticiones de WOB, reconociendo que no se puede dar ninguna prueba de un virus aislado -y por tanto objetivamente probado- que causara el Covid-19. Así que lo que los escépticos han estado llamando durante más de un año, y lo que ha sido descartado por los políticos y los medios de comunicación como "noticias falsas" y "desinformación" desde entonces, es ahora la verdad confirmada: la crisis de la corona es, médicamente hablando, un gran engaño. Lo más probable es que todas las personas que acabaron en el hospital tenían y tienen gripe y/o neumonía. Por lo tanto, ha sido una decisión puramente política, bajo el disfraz de un "nuevo" virus respiratorio, para destruir progresivamente la economía y la libertad de la sociedad para permitir el "Gran Reset" comunista y la "Agenda 2030".

El año pasado ya señalamos varias solicitudes FOIA (= WOB) de la periodista de investigación canadiense Christine Massey y su equipo. La periodista pidió a las

3

autoridades de todo el mundo pruebas científicas de que el virus del SARS-CoV-2 se había aislado en un solo paciente y que podía demostrar que causaba la (supuesta) enfermedad "Covid-19". (Véanse también nuestros artículos del 11-03: Se ofrece una recompensa de 225.000 euros por aportar pruebas de la existencia del SRAS-CoV-2; 11-04: "Los laboratorios de EE.UU. no encuentran el Covid-19 ni en uno solo de los 1500 positivos examinados" (/ Las pruebas realizadas en 7 universidades a TODAS las personas examinadas demostraron que no tienen Covid, sino Gripe A o B) y 20-12-2020: A pesar de 40 solicitudes de WOB en todo el mundo, ni una sola autoridad puede aportar pruebas de SARS-CoV-2).

El 7 de junio, finalmente hubo una respuesta (#21-01075-FOIA) del CDC: "Una búsqueda en nuestros archivos no reveló ningún documento relacionado con su solicitud. El Centro Nacional de Inmunización y Enfermedades Respiratorias nos informa específicamente de que el CDC no purifica ni aísla ningún virus Covid-19 de la manera descrita por el remitente".

La prueba totalmente desacreditada sigue siendo una política europea básica

En otras palabras, el CDC nunca ha podido aislar el virus del SARS-CoV-2. Científicamente, esto elimina cualquier base para suponer que un "nuevo" virus causaría una "nueva" enfermedad. Recientemente, el CDC decidió prohibir la prueba PCR a partir del 1 de enero de 2022, precisamente porque no puede distinguirla de una gripe normal, y porque el enorme número de falsos positivos hace que esta prueba sea completamente poco fiable de todos modos.

(Y sin embargo, esta prueba totalmente desacreditada también sigue siendo utilizada de forma abusiva por los gobiernos europeos para adoptar medidas de exclusión aún más opresivas y discriminatorias, y pronto nuevos cierres totalitarios).

El sitio web del Dr. Robert O.Young señala otros documentos del CDC que demostrarían que el virus del VPH, el virus del sarampión, el virus MERS, el virus del Zika y el virus de la polio, entre otros, nunca han sido aislados y purificados de un paciente (lo mismo ocurriría con el virus del VIH). 'El CDC ha estado inventando la ciencia detrás de las "pandemias" globales durante décadas, utilizando los medios de comunicación para crear histeria masiva cuando no existía ninguna pandemia', observa Mike 'Natural News' Adams.

Broma sobre el virus del Zika

Otro ejemplo reciente es el virus del Zika, del que también hemos hablado. Los principales medios de comunicación difundieron el miedo afirmando que este "virus del Zika" causaba microcefalia (cráneos más pequeños / malformados) en los bebés. Las empresas farmacéuticas recibieron miles de millones para desarrollar una vacuna, pero el virus del Zika resultó no ser más que otra exageración.

De hecho, había pruebas claras de que las malformaciones congénitas eran en realidad causadas por vacunas anteriores, y se culpó falsamente a un "virus" para asegurarse de que el verdadero culpable no fuera conocido por el público.

El director de los CDC reconoce que las vacunas no previenen las "infecciones

El completo engaño de la corona se está desmoronando ahora que la directora del CDC, la Dra. Rochelle Walensky, ha admitido en televisión que las "vacunas" NO previenen las infecciones. Que haya o no infecciones con virus y variantes que pueden o no existir es irrelevante aquí. Lo que importa es que uno de los más altos jefes médicos de los EE.UU. confirma por la presente que las 'vacunas' Covid-19 son completamente inútiles en términos médicos, y que el 'test/pasaporte vacunal' no es más que una prueba de la absoluta obediencia ciega a una agenda política, y no del 'estado inmunológico' de uno.

'Las inyecciones de proteínas de punta ('prop pricks') son armas biológicas mortales'

Mientras que el virus Covid-19 parece no ser más que un virus del resfriado reetiquetado, la nanopartícula tóxica de la proteína spike -que ahora se inyecta a través de "vacunas"- es un arma biológica mortal iniciada en los Estados Unidos y fortificada con el dinero de los contribuyentes estadounidenses en Wuhan", escribe Adams. 'Ahora parece claro que el propósito de la histeria de Covid era conseguir que la gente aceptara en masa las inyecciones de proteína de espiga (codificada), deliberadamente etiquetadas de forma falsa como 'vacunas'.

Estas proteínas de punta provocan coágulos sanguíneos, por lo que la vacuna Covid se denomina ahora "inyección de coágulos" (el "pinchazo de coágulos"). (Véase también nuestro artículo del 14-07: Un médico canadiense analiza a sus pacientes vacunados: El 62% ya tiene coágulos de sangre). También causan daños neurológicos, hemorragias cerebrales, infartos, abortos espontáneos y daños en los vasos sanguíneos en general, incluso según el Instituto Salk (extremadamente pro-vacunas)'.

La proteína de la espiga se desarrolló como arma biológica para causar una serie de síntomas falsamente llamados 'Covid', que luego se utiliza para impulsar más inyecciones de aún más armas biológicas (de la espiga). El "virus" Covid-19 no es más que un cóctel de virus del resfriado y del herpes... ¿El objetivo de todo esto? La despoblación".

Toda persona que coopera es cómplice de crímenes contra la humanidad".

La proteína del pico es un arma de despoblación",
continuó Adams. La "vacuna" es una inyección de
exterminio/suicidio parecida a Soylent Green,
empaquetada como un "medicamento". La 'pandemia'
fue una histeria mediática destinada a causar pánico
para que la gente clamara por una vacuna en masa y no
se resistiera a estas inyecciones de exterminio. Esto
significa que muchos de los que recibieron esta
inyección pronto estarán muertos, porque el objetivo
de esta falsa pandemia es deshacerse de miles de
millones de personas en este mundo".

Esto también significa que cada persona que participa
en esto es cómplice del asesinato genocida y de los
crímenes contra la humanidad. Esto incluye a
periodistas, científicos, médicos, políticos, funcionarios
de la FDA/CDC/WHO (/RIVM/GGD/EMA), e incluso
farmacéuticos y enfermeras locales que están
pinchando estos disparos asesinos en hombres,
mujeres, niños y ancianos. Comparado con sus crímenes
contra la humanidad, el Holocausto de la Segunda
Guerra Mundial es un juego de niños. De hecho,
durante el Holocausto de la vacuna Covid, es posible
que miles de millones de personas sean asesinadas
antes de que se detenga a estos criminales".

"Están asistiendo a una campaña de exterminio masivo

En esencia, ahora están asistiendo a una campaña de
exterminio masivo global disfrazada de respuesta de

salud pública a una pandemia. Este es el engaño "científico" más siniestro y diabólico jamás perpetrado en la historia de la civilización moderna. Es, con toda honestidad, un intento globalista de extinción del homo sapiens, una especie de "limpieza étnica" planetaria para librar al mundo de (por mucho) los seres humanos, y allanar el camino para cualquier escenario insano que tengan en mente a continuación.'

Es hora de que todos los seres humanos que deseen salvar a la raza humana se levanten pacíficamente y se opongan a este intento de exterminio genocida de la humanidad".

Por ello, políticos como el senador Rand Paul instan a todo el mundo a decir simplemente NO a los nuevos encierros, los protectores bucales, el distanciamiento social, las pruebas, los pasaportes Covid y, por supuesto, las inyecciones. 'No pueden detenernos a todos. No pueden mantener a todos los niños fuera de la escuela... No tenemos que aceptar estas medidas perjudiciales de estos tiranos insignificantes y burócratas débiles. (Di:) 'No permitiremos que dañen más a nuestros niños este año'.

Los globalistas quieren eliminar a unos cuantos miles de millones de personas

'Nos han engañado a todos, amigos', concluye Adams. Nada de esto tiene que ver con la salud pública, salvar vidas o detener una pandemia. Se trata de una jugada meticulosa y coordinada para conseguir que la gente se suicide con inyecciones de armas biológicas para que los globalistas puedan eliminar a unos cuantos miles de millones de personas de este planeta, e imponer su tiranía y control autoritario a los supervivientes.'

'También puede ser la tapadera de su planeado reseteo financiero, que colapsará la moneda mundial, destruirá todos los "activos" financieros del rebaño, y transferirá la propiedad de todo a las manos de la élite globalista.'

No nos atrevemos a decir en este momento si será realmente tan malo como Mike Adams -y ahora muchos otros- temen. Pero una cosa parece segura: las inyecciones de Covid van a provocar una crisis de salud pública inimaginable con un número de víctimas sin precedentes sólo en Europa.

Este libro es una recopilación de nuestros artículos publicados anteriormente y nuevos artículos para exponer las vacunas con el contexto adecuado, en relación con temas como la despoblación y el control mundial por la élite globalista, si desea saber más sobre temas como el gran reinicio, le aconsejamos que lea nuestros otros libros también, y los comparta con todos sus seres queridos.

Queremos llegar al mayor número de personas posible, por eso seguimos publicando nuestros contenidos, para asegurarnos de que si un título es ignorado, el otro sigue recibiendo la atención que estos temas necesitan.

Si queremos ganar esta guerra contra la humanidad, tenemos que informar a todo el mundo sobre la realidad de lo que está ocurriendo ahora mismo.

Por favor, apóyanos dejando reseñas positivas en todas las plataformas, para que podamos seguir impulsando la verdad y asegurarnos de despertar a tanta gente como sea posible. La libertad a través de la verdad y sólo podemos cambiar nuestro futuro si tenemos la mayoría!

Índice de contenidos

Capítulo 1: ¡Las muertes por vacunas al descubierto!

Especialista en enfermedades infecciosas: 'Esto es una bomba de relojería mundial: al final CUALQUIER persona vacunada sufrirá efectos adversos'

La mentira que persiste desde hace meses de que las vacunas Covid-19 sólo permanecen en el tejido muscular ha sido ya definitivamente desmentida en varios estudios científicos. Ahora, una autopsia realizada a una persona vacunada fallecida ha demostrado que las instrucciones genéticas del ARNm - al igual que la proteína de la espiga producida por las vacunas- se extienden efectivamente por todo el cuerpo a todos los órganos. Un conmocionado especialista en enfermedades infecciosas de Nueva Jersey, que no quiso ser nombrado por temor a represalias, respondió que "esto significa que eventualmente CUALQUIER persona vacunada experimentará efectos secundarios adversos. Y como las personas vacunadas han sido convertidas en "fábricas de picos" permanentes por este ARNm, lo más probable es que esos efectos sean irreversibles. Por lo tanto, su conclusión es que se trata de una bomba de relojería global".

Se dice que la autopsia de un hombre vacunado con Covid ha sido la primera de este tipo, y ha revelado que en el hombre fallecido, de 86 años, se encontró "ARN viral" en prácticamente todos sus órganos 24 días después de la inyección.

Sin Covid, prueba negativa, entonces ADE causada por una combinación mortal de vacuna y virus

Después de su primera inyección de Pfizer, el 9 de enero, el hombre desarrolló crecientes problemas de salud, que requirieron su hospitalización después de 18 días. Sin embargo, no presentaba ningún síntoma clínico de Covid, y su prueba también fue negativa. Por tanto, el informe post-mortem afirma que no se encontraron en su cuerpo "cambios morfológicos debidos al Covid".

Las autoridades médicas afirman que el anciano de 86 años contrajo el Covid a través de otro paciente de la sala, pero la autopsia demuestra que los daños en sus órganos se produjeron antes de su ingreso. Eso deja en realidad una sola causa: la vacuna. Y cuando el hombre se infectó efectivamente en el hospital, no tuvo ninguna posibilidad, y tuvo una reacción ADE (Antibody Dependent Enchancement), de la que numerosos científicos independientes (como el profesor Pierre Capel) y expertos llevan meses advirtiendo.

¿RNA del virus creado por el ARNm de la vacuna?

La vacuna no pudo impedir que el virus penetrara en todos los órganos", escribe el presentador de radio estadounidense Hal Turner. Sin embargo, existe otra posible explicación: que el "ARN viral" fue creado en realidad por el ARNm de la vacuna.

Por último, todas las vacunas autorizadas en Occidente codifican el cuerpo para producir la proteína de espiga del (supuesto) virus. Un reciente estudio de Pfizer en Japón demostró que sólo esta proteína de la espiga - modificada intencionadamente para que se una mejor a los receptores humanos ACE2- es responsable de todos los daños a la salud, y se extiende por todo el cuerpo después de la vacunación, incluso al cerebro, como también demostró un reciente estudio de Nature Neuroscience.

En resumen, la inferencia lógica es:

* si el cuerpo está lleno de "ARN viral", que habría causado la muerte del paciente

* y se establece que sólo la proteína de la espiga es la parte peligrosa del virus

* y las vacunas de ARNm instruyen al cuerpo humano para que produzca justamente esa proteína de punta

* de tal manera que se adhiere a las células humanas incluso mejor que la proteína viral de la espiga.

* entonces el paciente ha muerto como resultado de un ADE causado por esa proteína de pico

* que debe provenir (principalmente) de la vacuna, porque no tenía Covid-19 cuando fue ingresado con problemas de salud 18 días después de su vacunación.

Las personas que siguen diciendo a los demás y a sí mismas que "se vacunaron hace meses y no tienen nada de qué preocuparse" también deberían considerar que las consecuencias de estos cambios deliberados en el ADN pueden compararse con el cáncer: puede desarrollarse muy rápidamente, pero también muy lentamente. Sólo que, una vez que está ahí, nunca desaparece por sí mismo.

¿Las vacunas afectan ya al juicio?

Hay que pensar", acabamos de escribir. Pero, ¿pueden algunas personas vacunadas seguir haciéndolo? Recibimos un mensaje de un contacto que escribió que había intentado desesperadamente que dos de sus amigos no se vacunaran. En vano. Ambos amigos se vacunaron de todos modos; uno de ellos sufre ahora constantemente de su corazón acelerado, el otro tuvo que ser hospitalizado con una trombosis grave (información anónima publicada con permiso).

Y lo has adivinado: los médicos implicados declararon, incluso antes del diagnóstico y el examen, que no era posible que se debiera a la vacuna. Y las víctimas, extrañamente, también lo creyeron. Es, por supuesto, una especulación, pero ¿es esta incapacidad para pensar con lógica, para hacer buenos juicios, para sacar conclusiones, tal vez el resultado del daño cerebral causado por esas mismas vacunas?

Bomba de relojería mundial

Un especialista en enfermedades infecciosas de Nueva Jersey se mostró enormemente sorprendido cuando leyó el informe de la autopsia. La gente piensa que sólo una minoría sufre efectos secundarios de la vacuna. Basándonos en este estudio, significa que eventualmente todo el mundo tendrá efectos secundarios, porque estas proteínas de punta se unen a los receptores ACE2 en todo el cuerpo'.

Ese ARNm debería haber permanecido en el lugar de la inyección, pero no lo hace. Eso significa que las proteínas de punta fabricadas por el ARNm también llegarán a todos los órganos. Y sabemos que es esta proteína de espiga la que hace el daño'.

Capítulo 2: ¿China colabora con Estados Unidos?

¿Por qué China NO utilizó la cuestionada tecnología de ARNm/ADN en sus propias vacunas? - Director de los NIH: "El SARS-1 y el MERS también vienen de allí

Y otra "teoría de la conspiración" que resulta ser un hecho real, exponiendo así otra mentira perpetuada durante meses por los principales medios de comunicación y los políticos. El Dr. Francis Collins, actual director de los Institutos Nacionales de Salud (NIH) estadounidenses, ha admitido francamente en una entrevista que los estadounidenses y los chinos colaboraron para hacer que el coronavirus fuera más contagioso para los humanos ("ganancia de función") en el laboratorio de riesgo biológico 4 de Wuhan. El Dr. Anthony Fauci, que se encuentra en un problema cada vez mayor debido a sus numerosas mentiras que ahora se han demostrado, negó al Senado en marzo que él y su colega Collins hubieran financiado la investigación de "ganancia de función" en el laboratorio de Wuhan. Ahora parece haber cometido perjurio al respecto.

El SARS y el MERS vienen de allí

Las declaraciones de Collins también son altamente incriminatorias para el Dr. Peter Daszak, quien a través de su Alianza Ecosaludable recibió importantes subvenciones de los NIH para financiar la investigación de "ganancia de función" en Wuhan. Collins explicó
19

detalladamente cómo trabajan juntos los NIH y el Instituto de Virología de Wuhan. Insistió en que hay "una buena razón" para ello, ya que tanto el SARS-1 como el MERS "se originaron allí".

Mike 'Natural News' Adams oye en esto que tanto el SARS como el MERS provienen del laboratorio de Wuhan, pero en mi opinión por 'allí' Collins se refería a China en general. De hecho, el SARS-1 apareció por primera vez en China en 2003. Su propagación se limitó posteriormente a otros cuatro países.

Sin embargo, el MERS se detectó por primera vez en Arabia Saudí en 2012 (ver también nuestro artículo de ayer: Las revistas médicas anuncian una posible nueva pandemia: MERS-CoV). Por lo tanto, Adams tiene razón al preguntarse, después de todo, si "¿Collins tiene más información de que estos coronavirus relativamente nuevos y mortales (SARS, MERS) provienen ambos del laboratorio de Wuhan?

La teoría de la conspiración se convierte en un hecho real

Los doctores Collins, Daszak y Fauci trabajaron directamente con la infame "dama del murciélago", la doctora Shi Zhengli, financiada y recompensada por el Partido Comunista Chino (PCC), según los informes de prensa del laboratorio de Wuhan. El Instituto de Virología de Wuhan es también el centro de un "Grupo de Frente Unido" establecido para neutralizar toda posible oposición y crítica al PCC. Cuando el laboratorio fue identificado como posible fuente del coronavirus el año pasado, China bloqueó una investigación de la OMS al respecto. Luego, durante meses, el Dr. Fauci proclamó las ahora probadas mentiras cristalinas, e incluso cometió perjurio al respecto.

Lo mismo ocurre con el Dr. Daszak, citado regularmente en los medios de comunicación occidentales, que seguía insistiendo en que un origen artificial del virus, es decir, una "fuga de laboratorio" -intencionada o no- era una "teoría de la conspiración". Los científicos que señalaban las numerosas incoherencias y las pruebas objetivas de que la teoría de la sopa de murciélagos o del mercado de marisco, también aceptada como "verdadera" en Europa, es un puro disparate, fueron atacados con virulencia y ennegrecidos. Esto le ocurrió incluso al descubridor del VIH y premio Nobel Luc Montagnier.

Caminando por las "fábricas COVID

Fauci, Daszak y otros científicos del sistema también han ido a por todas para inyectar a toda la población mundial con "vacunas" experimentales de manipulación genética, que ahora se ha demostrado que convierten a las personas en "fábricas de picos" andantes que también se "desprenden" (exhalan) en el medio ambiente. En artículos anteriores señalamos el creciente número de estudios e informes científicos que

21

indican que esos "picos" exhalados también pueden causar daños a la salud de las personas no vacunadas.

Si esto se pone a la luz de los "Archivos Fauci" filtrados, de los que se desprende que el 11 de marzo de 2020 ya se hablaba internamente del coronavirus como un "arma biológica" creada deliberadamente, entonces surge un panorama aterrador que probablemente sea demasiado para que la mayoría de la gente lo asimile de una sola vez.

Las vacunas chinas no contienen ARNm: ¿por qué no allí y aquí?

Consideremos lo siguiente: poco después del estallido de la pandemia de la corona, China compartió con el mundo toda la información sobre el (supuesto) virus SARS-CoV-2, incluido el plan completo de construcción genética. Basándose en esto, se desarrollaron en América, Europa, Rusia e India nuevas vacunas basadas en la tecnología del ARNm y el ADN, nunca utilizadas ni probadas en humanos, con las que ahora se está llevando a cabo el mayor experimento médico de la historia inyectando con ellas al mayor número posible de personas e incluso niños.

Sin embargo, las vacunas chinas no contienen esta tecnología de ARNm/ADN. Allí, la sociedad y la economía funcionan normalmente desde hace tiempo. ¿Cuál podría ser la razón por la que los chinos no querían inyectar instrucciones de ARNm en su población? ¿Acaso eran plenamente conscientes de los gigantescos riesgos que ello conllevaría?

Una pregunta aún más importante: ¿por qué se hizo y se hace aquí?

Capítulo 3: ¿Facebook comprado por las grandes farmacéuticas?

Judicial Watch aporta pruebas tras la petición de WOB de la estrecha colaboración entre Facebook, el CDC y la Fundación Bill y Melinda Gates en la manipulación de la cobertura de la pandemia de la corona - El Ministerio de la Verdad ha desplazado por completo el periodismo real en Occidente a los canales alternativos

Por muy fiables que suelan ser sus fuentes, a veces comete un error de apreciación basado en una información convincente, como ocurrió ayer con el artículo sobre un supuesto campo de concentración en Canadá, que resultó ser una instalación para los trabajadores que trabajaban en un nuevo gasoducto. (Nuestro gran agradecimiento a algunos lectores que nos lo señalaron. Se agradece mucho que lean y piensen activamente, y que lo corrijan si es necesario). Por supuesto, los "verificadores de hechos" de los principales medios de comunicación saltan inmediatamente sobre este tipo de informes parcialmente incorrectos, pero ¿qué fiabilidad tienen ellos mismos cuando se considera que, por ejemplo, el conocido Factcheck.org (Facebook) está financiado por la empresa matriz del fabricante de vacunas Johnson & Johnson?

El congresista estadounidense Thomas Massie lo señaló recientemente en varios tuits cuando Facebook volvió a eliminar la llamada "información errónea" sobre las vacunas. El sitio Factcheck.org utilizado por Facebook está de hecho financiado por la Fundación Robert Wood Johnson, cuyo director general, Richard Besser, no es del todo casualidad que haya sido director de los CDC. La fundación posee más de 1.800 millones de dólares en acciones de Johnson & Johnson, uno de los cuatro principales fabricantes de vacunas Covid-19.

El Ministerio de la Verdad ha suplantado al verdadero periodismo

Esto es francamente engañoso, porque ¿realmente pensaste que el "verificador de hechos" de Facebook publicaría o confirmaría cualquier informe negativo sobre los productos de su mayor financiador? Por supuesto que no - factcheck.org es - al igual que los otros grandes verificadores de hechos de los medios de comunicación - una herramienta de propaganda de la industria farmacéutica, las grandes tecnologías y la política del sistema globalista.

Los "verificadores de hechos" oficiales se han convertido en una parte fundamental del "Ministerio de la Verdad" orwelliano que en Occidente ha desplazado por completo al otrora periodismo independiente hacia canales alternativos.

Ciertamente, en Europa, casi TODOS los informes de los medios de comunicación principales sobre temas importantes como la salud, las vacunas, el clima, la energía, la inmigración, la ciencia y la sociedad están politizados y enmarcados, destinados a darle una percepción de una realidad prescrita que tiene poco o nada que ver con la verdad.

Facebook / CDC / Bill Gates colaboran estrechamente en la narrativa de la corona

Más noticias sobre Facebook (/ 'Fakebook'): el conocido 'watchdog' Judicial Watch ha publicado pruebas obtenidas a través de una solicitud de WOB (2.469 documentos, incluyendo correos electrónicos oficiales) que muestran que Facebook trabaja estrechamente con el CDC en el control y la manipulación de la información de la corona p(l)andémica. Facebook también proporcionó a los CDC espacios publicitarios gratuitos por valor de 3 millones de dólares.

Por ejemplo, el 26 de enero de 2020, apenas unos días después de que un alto funcionario de la Fundación Bill y Melinda Gates pusiera en contacto a los CDC con Facebook, el gigante de las redes sociales informó a los CDC de las medidas que se tomarían para combatir la "desinformación" sobre el Partido Comunista Chino (PCC) y el virus "Wuhan". Bajo el título "FB coronavirus narrative", Facebook dijo que estaba trabajando con más de "60 organizaciones de comprobación de hechos" que revisan el contenido de las publicaciones en más de 50 idiomas.

Hemos hecho hincapié en la palabra "narrativa" porque subraya de nuevo el hecho de que se decidió desde el principio que sólo debía aparecer en los medios de comunicación una versión predeterminada y deseada del brote de este supuesto virus. Corona se limitaba entonces principalmente a China, pero en todo el mundo los medios de comunicación y los verificadores de hechos estaban preparados y tenían instrucciones de manipular a la población para que adoptara únicamente esta versión oficial.

Bill Gates es también el mayor patrocinador del "fact checker" Politifact, que es utilizado por Facebook y Google para difundir desinformación sobre las inyecciones de terapia génica Covid-19, como que éstas serían "vacunas" que estarían "probadas como seguras".

Facebook podría no existir después de 2035

Así que Mark Zuckerberg mintió descaradamente cuando afirmó que Facebook "no es el gobierno". El economista estadounidense Martin Armstrong cree que Facebook 'ha perdido ahora toda inmunidad, y puede ser demandado directamente por violar los derechos civiles de todos'.

'¿Ha demostrado así Zuckerberg que no está capacitado para dirigir una empresa de este tamaño? El aumento del precio de las acciones no tiene nada que ver con su capacidad de gestión". Aunque las propias estadísticas de Facebook muestran lo contrario, el inevitable declive no parece tardar en llegar. Armstrong: "Puede pensar

que es un semidiós y omnipotente, pero a veces cuanto
más alto están, más caen. Facebook podría no existir
después de 2035".

Capítulo 4: ¿Corrupción y manipulación?

'Google, Facebook y otras Big Tech manipulan a la humanidad como nunca antes en la historia' - Los fact-checkers probados los medios de comunicación predominantemente dicen mentiras

El 18 de agosto se estrenó el documental "Plandemic II: inDOCTORnation", que ya ha alcanzado gran repercusión. En el documental, que se puede ver gratuitamente, se presenta un hecho tras otro sobre la manipulación y la corrupción de los medios de comunicación convencionales y sociales, de Bill Gates, de la industria de las vacunas y de los conocidos "expertos" en la enfermedad coronaria utilizados por los gobiernos para infundir miedo a la población. Este documental también concluye que el engaño de la pandemia global de la corona es una agenda intencionada para poner a toda la humanidad bajo control total, mientras que simultáneamente se prodiga a la Gran Farmacia con miles de millones de dólares de los contribuyentes.

Este es un documental imperdible que te hará caer de la silla, y cambiará para siempre tu comprensión de la corrupción total del establecimiento 'científico', y del sistema médico con fines de lucro", comenta Mike 'Natural News' Adams. 'En esencia, ha habido un grupo de personas malvadas que han creado este virus y lo han desatado en el mundo para poder aplastar a la humanidad y obtener miles de millones en beneficios.

Lo más impactante es que no es la primera vez que lo intentan'.

'Google, Facebook y otras Big Tech manipulan a la humanidad como nunca antes en la historia'

Los motores de búsqueda (como Google) son el santo grial para los que quieren controlar la narrativa (=lo que se cuenta a la gente)", comienza uno de los clips más cortos del docu, subido para hacer la información más accesible a las muchas personas con menor capacidad de atención. Google ya tiene más poder para controlar la vida de la gente que casi cualquier gobierno del mundo".

En una audiencia en el Congreso de Estados Unidos, un psicólogo declaró que Google, Facebook y Twitter y otras empresas de "Big Tech" son capaces de manipular a 15 millones de votantes para que voten o no a un candidato o partido concreto solo en Estados Unidos. Y los métodos que utilizan son invisibles", explicó el Dr. Robert Epstein. Son subliminales y más poderosos que cualquier otro método que haya encontrado durante mis 40 años de carrera en las ciencias del comportamiento".

Zach Vorhies, ingeniero de Google y denunciante, señaló que Google ha declarado bajo juramento que no mantiene una "lista negra", pero que esto era una mentira, porque la lista sí existe. Como ingeniero, investigué el motor de búsqueda interno de Google.

Descubrí que han puesto en la lista negra numerosos términos de búsqueda, como "cura del cáncer" y "cura del cáncer". ¿Por qué decide Google lo que la gente puede o no puede buscar?

Los medios de comunicación de la corriente principal que predican la mayoría de las mentiras

Google ha pasado de ser el mejor motor de búsqueda a ser "una red de control global, de recogida de datos y de ingeniería social", continúa el documento. Lo mismo ocurre con los llamados "fact-checkers". El mundialmente conocido Snopes fue fundado en 1995 por una pareja que no tenía formación periodística, ni experiencia alguna. Google es la principal fuente de Snopes para "comprobar" si algo es "verdadero" o "falso".

Sin embargo, una y otra vez, el propio Snopes resulta ser una fuente de mentiras. Por ejemplo, se afirmó que no era cierto que la doctora Judy Mikovits (a la que también dedicamos un extenso artículo en este sitio el 10 de mayo) hubiera sido detenida sin orden judicial y sin cargos por su opinión científica crítica sobre las vacunas, y en particular sobre las próximas vacunas Covid-19. A Snopes le bastó con solicitar los documentos oficiales de la detención, o consultar a los abogados de la Dra. Mikovits, para comprobar que efectivamente era la verdad.

Politifact, de Facebook, que tiene una "línea directa" con la OMS, es como mínimo igual de manipuladora. El propietario de Politifact es el Instituto Poynter, que ha recibido grandes sumas de dinero de Google y de la Fundación Bill y Melinda Gates. Politifact y FactCheck.org afirmaron que es 'una teoría de la conspiración' que las patentes del coronavirus y los tratamientos para el mismo existen desde hace años. Sin embargo, sólo revisaron 3 de las 4.452 patentes públicamente visibles, que demuestran innegablemente que el coronavirus Sars, su detección y tratamiento, están ampliamente patentados tanto en el sector público como en el privado".

Los telediarios, los programas de actualidad y las tertulias 'al servicio de la misma maquinaria propagandística'

Se paga a toda una industria para atacar y difamar a los periodistas y a los denunciantes, y arruinar su reputación", continúa el documento. Los lectores de noticias y los titulares de los programas de actualidad "no son los únicos actores altamente pagados empleados por la maquinaria de propaganda. La mayoría de los programas de entrevistas son propiedad de los mismos "señores" y siguen el mismo guión, pero con una ocurrencia añadida".

En los Países Bajos, también es una táctica diaria desestimar a los críticos de la política oficial sobre la corona, el clima, la inmigración, la UE, etc., como "teóricos de la conspiración", citando siempre a los

grupos marginales más extremos (tierra plana / flat
earth, crop circles, reptilianos, etc.). A través de los
sitios web de "oposición controlada", también, toda
crítica seria es astutamente empujada a un absurdo
rincón de "sombrero de alu" o "friki", con la intención
de que el ciudadano medio ya no escuche otras voces
que sean serias y fundamentadas.

'¡Esto es histeria colectiva!'

El docu repite un fragmento muy citado de la película
"Network" (1976). En él, un famoso presentador de
televisión despotrica de repente ante el público en el
estudio: La televisión no es la verdad. Sólo hemos
creado ilusiones, no hay NADA de verdad en ella". Pero
ustedes, personas de todas las edades, colores y
especies, se sientan a vernos día tras día, noche tras
noche, y empiezan a creer las ilusiones que les
contamos. Empezáis a creer que la televisión es la
realidad, y que vuestras propias vidas son irreales".

'¡Esto es histeria colectiva, maníacos! Vosotros sois
reales, y nosotros somos la ilusión! Así que apaguen sus
televisores AHORA, y déjenlos apagados!

Un llamamiento que muchos de 44 años deberían
tomar en serio. La única manera de que las escamas
caigan de sus ojos, con lo que su desprogramación
puede comenzar, es de hecho dejar de ver y escuchar
inmediatamente los conocidos programas de "noticias"
y "asuntos de actualidad", con sus adulados líderes, que

son meros gestores de la percepción para una élite que durante años ha estado trabajando duro para quitarnos todo lo que apreciamos, todas nuestras libertades, y nuestras vidas y futuros enteros. El bulo de la pandemia del Covid-19 es la triste culminación de esta histeria masiva sin precedentes alimentada por los medios de comunicación y la política.

Plandemic II también entra en detalles sobre los verdaderos antecedentes y motivos de Bill Gates, el tan discutido Evento-201 (en torno a la pandemia de la corona ya prevista para 2019), y el fraude criminal y la corrupción de la industria de las vacunas. Debido a la longitud de este artículo, sería mejor discutir eso en posibles artículos separados. Además, muchos temas han sido discutidos muchas veces en este sitio también.

Capítulo 5: ¿Mentiras de las vacunas?

La gente que afirma que estas supuestas vacunas son seguras son unos imbéciles' - ¿Oxido de grafeno en la vacuna de Pfizer o no? El corrector de datos DPA no tiene nada mejor que "si no está en el prospecto, no está ahí

El Dr. Michael Yeadon, antiguo vicepresidente y jefe científico de Pfizer, ha concedido varias entrevistas este año sobre las "vacunas" Covid-19. A pesar de sus conocimientos y de su carrera, los "verificadores de hechos" lo tachan de "antivacunas" y de teórico de la conspiración que hace "declaraciones sin fundamento". Por ejemplo, Yeadon afirma que la mayor parte de lo que afirman los medios de comunicación y los políticos sobre las "vacunas" no son más que tonterías pseudocientíficas, y que estas inyecciones podrían suponer en realidad una amenaza existencial para toda la humanidad. Los fact checkers, según él, dicen meras mentiras. Esto es ciertamente cierto para DPA Factchecking, que recientemente salió con una "refutación" igualmente inane y engañosa del estudio español que descubrió óxido de grafeno en la vacuna de Pfizer: "Si no está en el prospecto, no está en él.

De hecho, la fe ciega y la confianza de los medios de comunicación en la Gran Farmacia, que ya ha tenido que pagar millones en concepto de daños y perjuicios a lo largo de los años por haber causado la muerte de muchos miles de enfermos y discapacitados, y por proporcionar información defectuosa y engañosa sobre la supuesta "seguridad" de sus "vacunas", es aparentemente tan grande que la principal razón por la que los informes y estudios críticos se tildan de "no verdaderos" o "falsos" es "porque no está en el prospecto".

Óxido de grafeno

Así es literalmente como se afirma en el "fact checking" de DPA tras las informaciones de que científicos españoles han encontrado óxido de grafeno en la vacuna de Pfizer (véase nuestro artículo de 05-07: Científicos universitarios españoles descubren nanopartículas de óxido de grafeno en la vacuna de Pfizer). Dado que ahora también se ha encontrado óxido de grafeno en una muestra de la vacuna de AstraZeneca, los científicos y periodistas honestos deberían al menos exigir una mayor investigación al respecto, sobre todo porque el uso de óxido de grafeno en vacunas y fármacos se ha investigado seriamente durante años. Una combinación de ARNm de PEG con capas de óxido de grafeno podría utilizarse ya tecnológicamente en las vacunas.

El óxido de grafeno, que se utiliza principalmente en filtros de CO_2 y en productos electrónicos como teléfonos móviles, transmisores 5G y paneles solares, está lejos de ser considerado seguro para su uso masivo en productos médicos y otros productos humanos debido a su toxicidad. El grafeno también se utiliza para filtrar virus, bacterias y productos químicos de los líquidos, y se encontró en Canadá a principios de este año en los famosos protectores bucales azules. Estos ejemplares se prohibieron inmediatamente en las escuelas por el peligro demostrado de inhalación y los consiguientes daños pulmonares. Entre tanto, se habían distribuido 31,1 millones de estos protectores bucales.

Si hay incluso sospechas de que los productos alimenticios de los supermercados pueden haber sido contaminados con una determinada sustancia que puede causar reacciones alérgicas, por ejemplo (y que tampoco figura en la etiqueta), entonces, como medida de precaución, esos productos se retiran inmediatamente del mercado, y se insta a los consumidores a no utilizarlos y a devolverlos a la tienda. Entonces, ¿por qué no se hace esto con estas vacunas? Después de todo, fue un equipo científico de la Universidad de Almería el que descubrió el óxido de grafeno en una vacuna de Pfizer. ¿Por qué el gobierno no hizo muchos más controles puntuales justo después de eso?

¿Y cuándo fue la última vez que compró fruta o verdura con una pegatina que contenía ingredientes como los recubrimientos especiales comestibles utilizados para mantener los productos frescos durante más tiempo y/o para conservar su color? En resumen, no todos los ingredientes deben ser revelados a los consumidores. Hace unos años nos enteramos por un buen contacto de que las zanahorias envasadas que se compran en el supermercado son tan dulces porque están "inyectadas" (/revestidas) con un edulcorante especial que NO es necesario revelar en el envase.

La comprobación de los hechos de Reuters es un "galimatías risible".

La agencia de noticias Reuters afirmó en un artículo de "comprobación de hechos" que el Dr. Yeadon utilizó "una mezcla de hombres de paja e invención" cuando dijo que la propagación asintomática es una mentira, y que el concepto de variantes utilizado es "idiota". De hecho, siempre fue indiscutible en la ciencia que no existen las infecciones asintomáticas, hasta que llegó el año 2020 y todos los principios científicos imperantes, incluida la inmunidad natural de grupo, se tiraron de repente a la basura y se sustituyeron por un razonamiento sin sentido que roza la locura, por no hablar de la propaganda de la mentira.

La respuesta de Yeadon: 'Hay un fantástico documento revisado por pares que muestra que la infección doméstica en los casos asintomáticos era en realidad CERO. Y puedo mostrar varios buenos documentos que muestran que las células T en los casos convalecientes o inmunocomprometidos reconocen TODAS las variantes conocidas anteriormente, como era de esperar basándose en los fundamentos de la inmunología. Las tonterías de su artículo sobre los anticuerpos son risibles".

Las personas que califican estas vacunas de seguras son "idiotas

Una vez más, el antiguo director general y científico de Pfizer no oculta su enfado por lo que está ocurriendo. A las personas que afirman que estas supuestas vacunas son "seguras" las llama literalmente "imbéciles". De hecho, incluso las cifras oficiales occidentales (VAERS, Tarjeta Amarilla y EMA) muestran que estas inyecciones están provocando una verdadera matanza sin parangón en la historia de la medicina. La EMA podría haberlo sabido, pero ignoró todos los llamamientos abiertos y las advertencias de los científicos de que estas "vacunas" van a causar coágulos de sangre en la mayoría de las personas, y por lo tanto deberían ser retiradas inmediatamente.

Inyectar a las mujeres embarazadas le parece a Yeadon aún más espantoso. 'Nadie en su sano juicio da tratamientos experimentales a mujeres embarazadas. Es una imprudencia, sobre todo porque las pruebas de reproducción están incompletas'. De hecho, éstas no se completaron el año pasado para estas inyecciones, tal y como también afirmaba el prospecto de Pfizer. Recientemente, salieron a la luz cifras impactantes: hasta el 82% de un gran grupo de mujeres embarazadas vacunadas había sufrido un aborto espontáneo después de la vacunación.

Sin embargo, recientemente se hicieron pruebas con ratones. Los investigadores descubrieron 'una concentración especialmente inquietante' de sustancias de la vacuna en los ovarios. En un trabajo muy reciente se demostró que a los pocos días de la vacunación, las mujeres jóvenes producen anticuerpos contra la sincitina-1", una proteína que es crucial para que un embarazo tenga éxito.

En diciembre de 2020, Yeadon y otros científicos presentaron otra petición a la EMA, señalando la reactividad cruzada entre la proteína de la espiga y la sincitina-1 humana. Con los acontecimientos actuales que lo confirman, el riesgo de infertilidad masiva en mujeres y niñas vacunadas debería ser noticia de primera plana en todas partes.

Los políticos deberían ser procesados por crímenes contra la humanidad".

Yeadon califica toda la campaña de vacunación de "engaño". El número de muertes por vacunas en los Estados Unidos y la UE se situó recientemente en torno a las 27.000, y el número de personas con daños graves (a menudo permanentes) en su salud se cuenta ya por varios cientos de miles. ¿Dónde están las protestas populares contra esto? ¿Dónde están los parlamentarios que hacen preguntas críticas sobre este, con mucho, mayor escándalo médico de todos los tiempos?

Los políticos y las instituciones que ahora imponen estas vacunas con más fuerza "deberían ser todos

encerrados en una institución de alta seguridad",
continúa Yeadon. Sólo en Gran Bretaña, en su opinión,
una docena de figuras públicas podrían ser arrestadas
inmediatamente y procesadas como criminales.

Porque en la mayoría de los países está ocurriendo lo
mismo que en Gran Bretaña -y a veces peor- "esta plaga
es un engaño de proporciones sin precedentes, y se
están cometiendo crímenes contra la humanidad a
escala gigantesca", opina el ex vicepresidente de Pfizer.
En junio, acusó a los gobiernos y a sus asesores que
impulsaron estas vacunas de "asesinato en masa".

Capítulo 6: ¿Infecciones por vacunas?

Pfizer reconoce la "propagación" de sustancias potencialmente peligrosas infundidas por la vacuna de persona a persona a través del aliento y el contacto con la piel

Un estudio realizado por el mayor fabricante de "vacunas" contra el virus Covid-19, Pfizer, advierte que las personas vacunadas pueden transmitir ciertos componentes de la "vacuna" a otras personas con sólo tener contacto personal con ellas. Por lo tanto, las mujeres embarazadas y sus hijos no nacidos o recién nacidos están en riesgo. Una vez más, esto demuestra que la "diseminación" de sustancias potencialmente dañinas de la "vacuna", como las proteínas de la espiga, de la que hemos hablado muchas veces este año, no es definitivamente una teoría de la conspiración.

'La exposición a la intervención del estudio durante el embarazo o la lactancia y la exposición ocupacional deben notificarse a Pfizer Safety dentro de las 24 horas siguientes a su revelación al investigador', señala el documento sobre el estudio clínico realizado.

La "intervención del estudio" se refiere a la inyección de ARNm Covid. Al fin y al cabo, en eso se centra el estudio. Exposición' no significa inyección / 'vacunación', sino que alguien que NO ha sido inyectado se acerca físicamente a alguien que ha sido inyectado.

Además, también puede referirse a que una persona no inyectada toque el líquido de un frasco de vacuna.

Peligro para las mujeres embarazadas y lactantes, y para sus bebés

En este estudio concreto, esto se refiere a mujeres embarazadas o lactantes no inyectadas, por ejemplo, un trabajador de un laboratorio o centro de pruebas donde se administran las inyecciones de Covid. Si eso ocurre, Pfizer lo denomina "situación de seguridad", un incidente de seguridad que debe notificarse en un plazo de 24 horas.

En resumen: una empleada de laboratorio que esté embarazada o en periodo de lactancia y se acerque a una persona vacunada debe informar de ello lo antes posible. ¿Por qué? Evidentemente, porque existe un peligro para su hijo no nacido o para su recién nacido, al que ese peligro puede transmitirse a través de la leche materna.

Así que una mujer así sólo necesita acercarse a alguien que ya haya recibido la "vacuna". Nada más. Esto significa que puede haber una transferencia de componentes de la "vacuna" de una persona a otra, lo que Pfizer reconoce que puede ser un PELIGRO para las mujeres embarazadas y lactantes y sus bebés.

Del documento, "Una PDE (Exposición a la vacuna durante el embarazo) se produce cuando un

participante masculino que está recibiendo o ha
interrumpido la intervención del estudio expone a su
pareja femenina antes o durante el momento de la
concepción. (negrita añadida)

Así, un hombre vacunado que se acerca físicamente a su
pareja no vacunada -y ni siquiera tiene que ser una
relación sexual- también presenta una situación
peligrosa para la mujer que va a tener un hijo, quiere
tenerlo o acaba de tenerlo, y para el propio niño. Por lo
tanto, existe el peligro de que se produzcan daños
graves, enfermedades o abortos espontáneos por el
mero hecho de transferir las partículas de la "vacuna"
de una persona inyectada a otra no inyectada.

Contaminación por inhalación o contacto con la piel

El documento de Pfizer ofrece un ejemplo de una
situación peligrosa que debe notificarse
inmediatamente: "Un miembro femenino de la familia o
un cuidador informa de que está embarazada después
de haber estado expuesto a la intervención del estudio
por inhalación o contacto con la piel...

El "contacto cercano" incluye, por tanto, la inhalación
de las sustancias "vacunales" exhaladas. También
puedes infectarte con ellas por simple contacto. Y no,
esto no sólo se aplica a las personas que trabajan en
laboratorios, líneas de prueba u hospitales. Pfizer habla
en general de PERSONAS, una de las cuales ha sido

vacunada y la otra no, y de la transferencia de partículas de la 'vacuna' de una persona a otra.

No importa si a eso se le llama "transferir", "derramar" o "infectar". Por algo Pfizer advierte que una situación así debe ser comunicada al departamento de seguridad en un plazo de 24 horas. Así que la empresa sabía de antemano que su producto podía causar daños a las mujeres que están embarazadas, que quieren quedarse embarazadas, que están amamantando, Y a los propios niños -no nacidos-. Los gobiernos también eran conscientes de este peligro; véase, por ejemplo, nuestro artículo del 8 de junio: Alemania restringe el derecho fundamental a la integridad física y aprueba la exhalación de proteínas de espiga por parte de las personas vacunadas ** (/ (/ La "exhalación" de proteínas de espiga por parte de las personas vacunadas ya era conocida por las autoridades alemanas el año pasado, pero se mantuvo oculta al público).

*(** Para que conste, las proteínas de los picos no están DENTRO de las inyecciones, sino que se producen en el cuerpo POR las inyecciones).*

Alguien podría argumentar que una mujer embarazada podría haber tenido contacto con una persona vacunada durante la vacunación, donde algunas gotas de la aguja podrían haber caído sobre su piel. Sin embargo, esto es muy poco probable. Pfizer no menciona un período de tiempo en el documento, sino que se limita a esbozar el escenario de que el hombre A) fue vacunado, y B) tuvo contacto cercano con una pareja femenina en algún momento. Eso podría haber sido días o incluso semanas después. Cualquier gota derramada ya habría desaparecido para entonces.

82% de abortos espontáneos tras la inyección de Pfizer

El prospecto y las instrucciones de cuidado que se han discutido ampliamente en este sitio web afirmaban de forma inequívoca que la vacuna de Pfizer NO debía administrarse a mujeres embarazadas, a mujeres que tuvieran la intención de quedarse embarazadas en un periodo corto de tiempo y a mujeres que estuvieran amamantando. Sin embargo, esto se hizo desde el principio en todo el mundo, en parte porque Pfizer anuló las advertencias iniciales por razones poco claras.

Las consecuencias de esto se vieron recientemente en otro estudio científico: hasta el 82% de las 127 mujeres estudiadas que estaban en sus primeras 20 semanas de embarazo y que, sin embargo, se habían inyectado, tuvieron un aborto espontáneo.

¿Ataque con armas biológicas para la supervivencia de la humanidad?

Lo anterior no sólo se aplica a la vacuna de Pfizer; hace unos meses, el cofundador de Moderna y también codesarrollador de la tecnología de ARNm reconoció que las personas vacunadas sí pueden "desprender" sustancias de la vacuna, como la proteína Spike, a su entorno.

A pesar de estos impactantes hechos, casi todos los políticos del mundo están forzando estas inyecciones a sus poblaciones con medidas cada vez más coercitivas, y quieren poner aún más, incluso a niños cada vez más pequeños.

Cada vez hay más indicios de que podemos estar ante un ataque directo con armas biológicas contra la supervivencia de la humanidad. Un ataque, que en realidad ha sido anunciado abiertamente por globalistas como los Rockefeller, Ted Turner y Bill Gates, que nunca han ocultado el hecho de que creen que hay demasiada gente caminando por este planeta, y que es necesario hacer algo activamente para "eliminar" a la gran mayoría.

Capítulo 7: ¿No hay escapatoria?

Un miembro del gobierno canadiense desvela una hoja de ruta global hacia el comunismo totalitario en octubre de 2020 en el que nadie es dueño de nada y todo el mundo debe ser vacunado obligatoriamente.

Otro país que confirma una tendencia especialmente preocupante: tras el inicio de la campaña de vacunación contra el Covid-19, el número de enfermos y muertos se dispara en Taiwán. Lo mismo ocurrió antes en India, Chile y Seychelles, entre otros, donde se repartieron más vacunas (de AstraZeneca) que personas vivas, tras lo cual hubo 146 veces más muertes en 4 meses que por la corona del año pasado. Y como venimos prediciendo desde hace tiempo, las autoridades se niegan a señalar a las vacunas como la causa, por muy evidente que sea la relación estadística. Pero las "vacunas" -excusa: terapia/manipulación genética experimental- se declaran ahora intocables y sacrosantas, y así se afirma efectivamente que se debe a una mutación.

Taiwán se libró de la corona a principios de este año. Ya casi nadie moría de Covid-19, apenas había enfermos y la vida volvía a la normalidad, salvo por las desgraciadas máscaras bucales, que todavía había que llevar en los lugares públicos. La razón de esto sólo se puede adivinar, ya que no había ninguna médica.

A pesar de que el enésimo virus respiratorio estaba controlado, el gobierno inició una campaña de vacunación masiva. Ésta tuvo un comienzo muy lento a mediados de marzo, pero a partir de mayo, el número de personas que se inyectaron con la manipulación experimental de ARNm/ADN se disparó de repente.

EXACTAMENTE en ese momento el número de "casos" y muertes también se disparó.

Un miembro del gobierno canadiense reveló la hoja de ruta hacia el comunismo totalitario en octubre

El presentador de radio estadounidense Hal Turner cita una carta abierta de octubre de 2020 de un miembro del gobierno canadiense, que también publicamos en su momento. Aquí de nuevo las partes más importantes de la misma:

Quiero darles una información muy importante. Soy miembro de un comité del Partido Liberal de Canadá. Formo parte de varios grupos de comités, pero la información que doy proviene del Comité del Plan Estratégico (que está controlado por la PMO)". Esa es la oficina del Primer Ministro liberal de izquierda Justin Trudeau, cuyo parlamento se ha dado a sí mismo un poder ilimitado y un mandato ilimitado sin elecciones mientras siga habiendo una "pandemia". Trudeau se ha convertido así en el primer dictador de facto de Canadá.

Han dejado muy claro que nada puede detener su resultado previsto. La hoja de ruta y los objetivos fueron elaborados por el primer ministro, y son los siguientes:"

(periodo de tiempo previsto: finales de 2020 - finales de 2021)

* "Introducir las segundas restricciones de cierre de forma gradual. Comenzar con las principales zonas urbanas primero, y luego ampliar;

* Obtener o construir instalaciones de aislamiento en cada provincia a un ritmo rápido;

* Aumentar rápidamente el número de nuevos "casos de Covid" y "muertes por Covid" de manera que ya no haya suficiente capacidad de pruebas;

* Segundo cierre completo y total en 2021, que es mucho más severo que el primero en la primavera de 2020;

* Presentar la mutación planificada del Covid-19 o la "reinfección" con un segundo virus (posiblemente llamado Covid-21 (o tal vez SARS-3 o MERS-CoV)), lo que llevaría a una TERCERA oleada con una tasa de mortalidad mucho más alta y una tasa de infección aún mayor;

* El sistema sanitario está inundado de pacientes de Covid-19 / Covid-21;

* TERCER cierre con medidas aún más estrictas, como la detención total de TODOS los desplazamientos (segundo/tercer trimestre de 2021);

51

* Implementar la renta básica universal (para las decenas de millones de nuevos desempleados que perderán su trabajo de forma permanente como resultado de esta política. Esta RBU será completamente digital, y sólo permitirá seguir vivo y ver la televisión);

* Colapso de las líneas de suministro, gran escasez (tiendas, supermercados, online, etc.), gran inestabilidad económica, seguida de caos, pánico y dislocación total;

* Desplegar a los militares y establecer puestos de control en todas las carreteras principales. Viajar permanentemente de forma extremadamente restringida (sólo con pase/permiso). (Tercer / cuarto trimestre de 2021)".

Dependiendo de la situación geopolítica, el calendario aún podría cambiar (por ejemplo, 2021 también podría ser 2022 o 2023), pero "nos han dicho que para iniciar este colapso económico real a escala internacional, el gobierno federal va a ofrecer a los canadienses una cancelación total de la deuda". Pero eso tiene un precio muy alto: cualquiera que lo reclame renuncia para siempre a todos los derechos de propiedad, y se compromete a tomar todas las vacunas que se le ofrezcan.

En un principio, los rechazantes tendrán que vivir bajo restricciones muy estrictas de forma indefinida, por lo que se quedarán en casa de forma permanente. Pero eso sólo durará un corto período, porque una vez que la mayoría de los ciudadanos hayan hecho la "transición" (a la esclavitud permanente bajo un sistema de control global totalitario comunista y transhumanista), "los rechazantes serán caracterizados como una amenaza para la seguridad pública, y trasladados a instalaciones de aislamiento".

O, en otras palabras, a los campos de concentración.

Allí se les dará una última oportunidad de seguir "participando" en el programa y se les inyectarán todas las vacunas. Si no lo hacen, permanecerán encerrados permanentemente y perderán todas sus posesiones y derechos. 'Al final, el Primer Ministro dio a entender que todo este programa será impulsado, independientemente de si estamos de acuerdo con él o no. Y esto no sólo ocurre en Canadá. Todos los países tendrán hojas de ruta y agendas similares. Quieren aprovechar la situación para hacer cambios a gran escala" (un reinicio financiero con la moneda mundial del FMI, el "Gran Reinicio", "Reconstruir mejor", la Agenda 2030 de la ONU, el "Nuevo Acuerdo Verde").

Después del colapso económico iniciado a propósito, muchas de las decenas de millones de seguidores del sistema desempleados estarán ansiosos por conseguir un puesto de camisa marrón de la BOA-Sturmabteilung en el gobierno, tras lo cual impondrán el escenario anterior a los conciudadanos no dispuestos con una crueldad despiadada. Amigos, vecinos, colegas, familiares y parientes, estudiantes y escolares se traicionarán mutuamente "por un bien mayor", y se alegrarán de que las "amenazas a su salud" sean despejadas para siempre. (Véase también: Así es como el Reichsmarschall Göring consiguió que la gente dijera: "Asustadles y decidles que los negadores son un peligro") y la política de Corona separa a las familias y a los amigos, exactamente como se hizo en la RDA).

Precisamente porque la mayoría de la gente todavía se niega a creer que esto puede y no volverá a suceder, que hoy en día somos más civilizados y no volveremos a cometer tales atrocidades, amenaza con volver a suceder. Lo único que puede detener todo este proceso, este pérfido plan preconcebido, es una concienciación masiva, seguida de un masivo (pero repetimos: ¡definitivamente no violento!) NO.

Capítulo 8: ¿Matar de hambre a los no vacunados?

¿Por qué los políticos quieren el 100% de las vacunas? Porque entonces no queda ningún grupo de control para demostrar que la ola de ADEs, coágulos de sangre/enfermedades inmunológicas, infertilidad y muertes que se avecina es causada por estas inyecciones?

¿Por qué los políticos quieren el 100% de las vacunas? Porque entonces no queda ningún grupo de control para demostrar que la ola de ADEs, coágulos de sangre/enfermedades inmunológicas, infertilidad y muertes que se avecina es causada por estas inyecciones?

El "no poder comprar ni vender" predicho en la Biblia sin el pinchazo de "la Bestia" está cada vez más cerca, ya que los líderes del canal de propaganda globalista CNN abogan abiertamente por la exclusión de los no vacunados de toda la sociedad, e incluso quieren negarles el acceso a los supermercados. En Filipinas, el presidente Duterte ha decidido ahora hacerlo. La vacuna no es obligatoria, pero si no la tomas, puedes literalmente marchitarte y morir de hambre.

'Mucha gente no estará de acuerdo con esto, pero sin vacuna, no puedes ir al supermercado', dice el infame titular de la CNN Don Lemon. 'Sin vacuna, no se puede ir a un partido. Sin vacuna, no se puede ir a trabajar. Sin vacuna, no puedes venir aquí. Sin camisa, sin zapatos, no hay servicio', refiriéndose a los códigos de vestimenta existentes en restaurantes, tiendas y negocios.

Lemon cree que "ya deberíamos tener esto", porque en su opinión es una pérdida de esfuerzo convencer a la gente crítica. Dan vueltas, siguen diciendo que es su libertad, que es lo que sea, 'yo soy libre'. Lemon utiliza entonces el mismo razonamiento falaz y peligrosamente retorcido de que no se es libre de 'infectar' a otros con una (supuesta) enfermedad, y que la gente también se mete licor y otras cosas en el cuerpo 'que son mucho peores que una vacuna'.

El cuerpo de otro ser humano es SIEMPRE inviolable

Sí, Don, pero lo hacen voluntariamente. Nadie les niega el derecho a que les inyecten esta terapia genética experimental, arriesgando su salud y su vida. Entonces, ¿por qué quieres negar a otros el derecho a no participar? ¿Sólo porque crees que estás "más seguro", cuando incluso los datos oficiales muestran que no hay ninguna diferencia si te has inyectado o no, y las autoridades están haciendo todo lo posible para ocultar el hecho de que los vaxxers se están volviendo mucho más débiles y vulnerables como resultado?

Ni Don Lemon ni otros esclavos asalariados de los principales medios de comunicación tienen derecho a violar los cuerpos de otras personas bajo la amenaza de quitarles el acceso a la comida y al trabajo. Incluso la sugerencia de que el gobierno tiene (o debería tener) este derecho convierte a Lemon en un fascista, un enemigo doméstico, alguien que representa una amenaza muy real para nuestros derechos civiles', comenta Mike 'Natural News' Adams. Los fascistas médicos se sienten autorizados a mostrar sus verdaderos colores'.

¿Sigues pensando que el tiempo no va a volver y que incluso va a ser mucho peor, como venimos escribiendo desde hace años? En Europa, ya hemos visto pasar por las redes sociales mensajes aún más fascistas que la violación médica que defiende Don Lemon. Por ejemplo, algunos compatriotas abogan literalmente por poner contra la pared a las personas no vacunadas o por gasetizarlas "como a los judíos".

Crímenes contra la humanidad

Legalmente, si alguien intenta introducir un objeto punzante en tu cuerpo en contra de tu voluntad, existe la intención de causarte un daño corporal grave, y posiblemente incluso un intento de asesinato. Según el código de Nürnberg acordado tras la Segunda Guerra Mundial, nunca se debe obligar a las personas a participar en experimentos y tratamientos médicos. Las "vacunaciones" obligatorias -en este caso, inyecciones experimentales de manipulación genética empaquetadas como "vacunas"- equivalen por tanto

57

directamente a un grave crimen contra la humanidad, a un intento de asesinato en masa, a un genocidio.

En mi opinión personal, esto también se aplica a las actuales inyecciones no obligatorias, porque se convence a la gente bajo falsos pretextos y con desinformación y mentiras para que se pongan estas inyecciones en el brazo, y hay una enorme presión de la política, los medios de comunicación y la sociedad para que participen.

Cualquiera que, por cualquier razón que suene a virtuosa, humana o "científica", esté dispuesto a sacrificar incluso una vida inocente, es en su corazón y en su alma un fascista egoísta con cero respeto por el valor de otras vidas humanas. Después de todo, este tipo de pensamientos y actitudes también hicieron posible el Holocausto, porque si estás dispuesto a sacrificar una para sentirte "seguro", ¿por qué no 10, 1000, un millón, mil millones?

'Estas vacunas no están ahí para la salud pública, sino para el control total'

El conocido analista independiente estadounidense Brandon Smith está ahora convencido de que la única razón de esta campaña de vacunación masiva es lograr el control total de toda la humanidad. Para ponerlo en perspectiva profética: introducir la "señal de la Bestia" predicha en la Biblia, sin la cual nadie podrá "comprar o vender".

¿Por qué quieren el 100% de las vacunas? ¿Por qué quieren necesariamente que todas las personas del mundo se vacunen?", escribe Smith. 'El promedio de IFR de Covid es sólo del 0,26% (recientemente ajustado por la OMS al 0,15% - X.), lo que significa que el 99,7% del público NO está en riesgo, se vacune o no... Así que estas vacunas NO están ahí para la salud pública, ni para salvar vidas. Están ahí, en su inmensa mayoría, para otra cosa".

Los medios de comunicación y los globalistas afirmarán que "no hay pruebas" de que el ARNm cause efectos secundarios letales o infertilidad. A esto responderemos que NO HAY PRUEBAS de que sean seguras. La mayoría de las vacunas se prueban en el transcurso de 10-15 años antes de ser utilizadas con el público. Las vacunas Covid se introdujeron en pocos meses. Realmente, no tenemos ningún deseo de que nos utilicen como conejillo de indias para una vacuna no probada".

'Las personas no vacunadas serán la prueba de su delito'

Pero, ¿y si la élite sabe exactamente cuáles serán estos efectos secundarios? ¿Y si estas vacunas son una parte clave de su 'Gran Reinicio'? En mi opinión, ahora se está escenificando la infertilidad masiva, de la que se culpará al Covid (o alguna variante), y no a las vacunas experimentales. Esta es la razón por la que el establishment quiere una tasa de vacunación del 100%;

después de todo, las personas no vacunadas serían la prueba de su crimen.' (Véase también nuestro artículo del 11 de enero: Vacunas de ARNm: la ingeniería genética es peligrosa porque puede causar infertilidad).

'Si millones de personas permanecen sin vacunar durante los próximos años, entonces esos formarán un grupo de control sustancial e indiscutible... Si los vacunados enferman o mueren de determinadas enfermedades, y el grupo de control no las sufre, entonces es una señal bastante fuerte de que su vacuna o medicamento es veneno... Si algo va mal con las vacunas, entonces nosotros seremos la prueba. sospechamos que esto es lo que la élite realmente teme".

Tienen que obligarnos a vacunarnos también, a TODOS, para que no haya ningún grupo de control ni pruebas de lo que han hecho. Entonces podrán simplemente culpar a Covid de los problemas masivos de salud, o a algún otro falso culpable' (Ver también nuestro artículo del 21 de junio: Utopía: la película de 2019 predijo una pandemia y las vacunas esterilizan encubiertamente a la población mundial (/ Resultados impactantes del estudio científico de cientos de mujeres embarazadas: Tras la vacunación con Covid, el 82% de los abortos son espontáneos en las primeras 20 semanas de embarazo).

Si las vacunas son un caballo de Troya que causa una enfermedad generalizada o infertilidad, y los globalistas son sorprendidos porque hay un grupo de control, significará una revuelta abierta contra ellos, completa con cuerdas y estacas. Su "Gran Reset" se desmoronará. Lo cual, por cierto, dadas las numerosas manifestaciones y la enorme reacción contra los pasaportes de vacunas, parece que va a suceder de todos modos.

¿Quién ganará este final de partida? ¿Los globalistas o la humanidad?

Los globalistas han puesto en marcha un juego final. Eso podría significar el fin del juego para nosotros, pero también para ellos. Tienen un calendario estricto. Necesitan llegar a una cobertura de vacunación del 100% en los próximos años o antes, implementar sus pasaportes de vacunas, e imponer bloqueos permanentes para sofocar el creciente descontento.'

'Estamos inmersos en una carrera (contrarreloj) en la que los globalistas tienen que imponer su agenda lo más rápido posible, y nosotros tenemos que aguantar y retenerlos el mayor tiempo posible, hasta que las masas empiecen a ver la verdad, que es que los encierros, las obligaciones y las vacunas nunca tuvieron que ver con la seguridad, sino siempre con el control, desde el control social hasta el control de la población.'

Y si estas inyecciones hacen efectivamente lo que muchos científicos y expertos independientes vienen advirtiendo desde el año pasado, entonces el control de la población no es más que el medio para el gran fin deseado por este culto comunista global de la vacuna climática, ante el que parece haberse arrodillado casi toda la política holandesa: el exterminio de la población, y en una escala que empequeñecerá por completo los 100 a 150 millones de víctimas de Hitler, Stalin y Mao sumados.

Capítulo 9: ¿Noticias de 2009?

Este es un flashback de un artículo de 2009 en el que se discute la posibilidad de que el "Signo de la Bestia" predicho en la Biblia bien podría consistir en una serie de vacunas obligatorias con ingredientes cuyo verdadero efecto y propósito no se revelará hasta que sea demasiado tarde para todos. A lo largo de los años hemos escrito cientos de artículos sobre estos temas, uno de los cuales volvemos a destacar.

Este artículo también es de 2009 (19 de octubre), y se titulaba "El ordenador BEAST de Bruselas está listo para ser activado".

¿Inyección con nanochip prevista hace 12 años?

19 de octubre de 2009: Uno de los denunciantes más conocidos de Estados Unidos, Steve Quayle (digamos la "versión cristiana" de Alex Jones), se dirige a sus lectores esta semana en una advertencia personal bastante rara. 'En las últimas 24 horas -escribo esto el 15 de octubre- hemos recibido la confirmación de una fuente asiática de que el arma biológica que contiene el nanochip situado en la punta de la aguja hipodérmica está lista, y forma parte del sistema de supercomputación en Europa central'.

Aunque parezca una película de ciencia ficción, desgraciadamente es una realidad. En Bélgica (Bruselas) existe la BESTIA -Cifrado Biométrico y Rastreo por

Satélite-, que está perfectamente preparada para ser activada el día en que todo ser humano vivo sea obligado a aceptar el 'Signo de la Bestia', para ser admitido en el Nuevo Orden Mundial.'

'Llamo a las vacunas contra la gripe modificadas genéticamente, que ahora están siendo forzadas al público a través de una operación psicológica que sería la envidia de los más grandes tiranos que jamás hayan existido, 'El Virus de Lucifer' (lett. cepa = linaje, naturaleza, variante), porque estas vacunas tienen un lado mucho más malvado de lo que la mayoría de la gente puede comprender.'

Hace diez años escribí que la máquina asesina ideal sería una vacuna modificada y alterada genéticamente, administrada por la fuerza a la población mundial con el pretexto de "ayudarla". También argumenté que el ejército estadounidense sería destruido deliberadamente, no sólo por nuestros enemigos, sino también por los traidores de nuestro propio gobierno, mediante la inyección de un arma biológica de dos partes en nuestros soldados, siendo la segunda inyección el golpe mortal.'

A través de los medios de comunicación nos enteramos de que al ejército alemán se le está administrando una vacuna diferente a la de la población civil ordinaria (una vacuna sin los adyuvantes extremadamente dañinos). También recibimos información adicional de que en los Estados Unidos, las unidades militares privadas -

mercenarios- recibirán una "vacuna segura", diferente de la que se administrará a la gente común y a los soldados del ejército. Sin embargo, utilizar a las personas como conejillos de indias va en contra de la Convención de Ginebra. Por esa razón, muchos médicos nazis fueron condenados a muerte".

Ha llegado el periodo más peligroso de la historia".

Ha llegado el periodo más peligroso de toda la historia. No dejéis que estos monstruos os destruyan a vosotros, a vuestros hijos, vuestro futuro y vuestras vidas. Haz tus deberes. Leed todo lo que podáis encontrar sobre las vacunas, indignaos, haced las preguntas adecuadas a todas las autoridades. Denunciad, escribid cartas, salid en programas de radio y televisión. Haz algo. Haz todo lo que puedas hacer legal y moralmente, porque de lo contrario puedes acabar permanentemente en una posición horizontal".

Quayle preparó a los lectores de su sitio web (con más de 90 millones de visitas al año) para una "pantalla roja" la semana pasada, ya que espera que el gobierno estadounidense saque del aire todos los sitios de noticias alternativas en "el momento oportuno".

Según Quayle, este "momento oportuno" podría ser provocado, por ejemplo, por un colapso financiero total, un "ataque" nuclear, un ataque EMP que deje sin electricidad de forma permanente, una guerra en Oriente Medio, o un desastre natural masivo como un gran terremoto en el Medio Oeste o un mega-tsunami en una de las costas de Estados Unidos.

En nuestra opinión, esta advertencia debe ser considerada con seriedad y sobriedad. Está claro que "algo" está a punto de suceder, pero cómo, dónde y cuándo, eso sólo puede especularse en este momento en base a las pistas y los acontecimientos.

El virus Lucifer

31 de julio de 2021: La exagerada "pandemia" de gripe porcina de 2009 resultó ser, en retrospectiva, más débil que una gripe estacional normal, y fue una especie de ensayo general de lo que ha estado ocurriendo en todo el mundo desde 2020, de nuevo bajo la apariencia de un (supuesto) virus respiratorio con un IFR de sólo el 0,15%, y el 0,05% (= la mitad de una gripe estacional típica) si se tiene menos de 70 años.

Quayle llamó a una vacuna modificada genéticamente el "Virus de Lucifer" porque "estas vacunas tienen un lado mucho más maligno de lo que la mayoría de la gente puede contener". Como es bien sabido, las vacunas Covid-19 no son en realidad "vacunas", sino inyecciones de manipulación genética de ARNm, un hecho que se anunció abiertamente en el Boletín Oficial el año pasado.

Recientemente, científicos universitarios de España descubrieron óxido de grafeno en las vacunas de Pfizer, que no se menciona ni en el prospecto ni en los documentos oficiales de la EMA. ¿Acaso las inyecciones de Covid contienen ingredientes "maliciosos" aún más ocultos, como ARN/ADN extraño (manipulado)? Desde 2009 hemos dedicado series enteras de artículos a esta posibilidad. Es posible que en un futuro próximo volvamos a llamar su atención con una serie de resúmenes.

Dado que el gobierno también ha dado permiso oficial para que usted y sus (nietos) sean manipulados genéticamente con inyecciones experimentales, parece que no se puede excluir que éstas también contengan sustancias y/o instrucciones de ARNm que codifiquen su cuerpo para algo más que la razón oficialmente declarada, es decir, para crear la proteína de la espiga del llamado "nuevo" coronavirus.

Teniendo en cuenta el enorme número de muertes y enfermedades que las inyecciones de Covid ya han causado oficialmente -la punta del iceberg, porque la mayoría de los casos no se registran deliberadamente-, el término "Virus Lucifer", "Vacuna Lucifer" o "Inyección Lucifer" podría resultar bastante apropiado, sobre todo si en los próximos meses y años millones de personas se ven afectadas por coágulos sanguíneos, EDA y todo tipo de enfermedades graves.

¿Comportamiento confuso de las personas vacunadas?

En los últimos meses, varios contactos no vacunados nos han comentado que algunas personas vacunadas de su entorno muestran un "comportamiento extraño", especialmente una forma de ausencia y letargo, y que ya apenas pueden seguir o entender hechos sencillos y argumentos lógicos.

¿Es sólo una coincidencia, una percepción, o quizás el resultado del daño a los glóbulos rojos demostrado por las inyecciones de Covid, que reduce la cantidad de oxígeno transportado por el cuerpo? ¿O quizás hay algo más, algo atribuible a algún ingrediente secreto?

¿Biosensor nanotecnológico en las vacunas Covid?

Que se haya construido o no un superordenador literalmente "BESTIA" en Bruselas es realmente irrelevante. Hace unos años, en el estado norteamericano de Utah, se construyó un monstruoso centro de datos (UDC) que funciona exactamente como una BESTIA, y controla una "Red de Información Global" en la que se almacena realmente TODA la información digital pública y personal de cada ciudadano del mundo, conversaciones, correos electrónicos, transacciones, pagos, hasta los tickets de aparcamiento. Para hacerlo posible, los ordenadores de la UDC alcanzan una velocidad de 1 petaflop (10 a la 15ª potencia) de cálculos por segundo. (Lo más probable es que esa velocidad sea mucho mayor a estas alturas).

El 23 de enero de 2013 se publicó un artículo titulado: "La UE quiere introducir un sistema de vigilancia total de los ciudadanos, al igual que los Estados Unidos" con una referencia a este superordenador (oficialmente nunca reconocido) BEAST en Bruselas: "Los ciudadanos de la UE podrían en un futuro próximo ser equipados secretamente con un nanochip bajo la apariencia de vacunas contra, por ejemplo, una epidemia de gripe, lo que les permitiría ser rastreados y monitoreados 24/7/365 por el sistema BEAST.

¿Podría haberse hecho realidad unos 8 años después? A este respecto, lea nuestro artículo del 3 de septiembre de 2020: 'Implantación de biosensores nanotecnológicos 5G ya en 2021 en las vacunas Covid-19' y considere que el máximo responsable del FEM, Klaus Schwab, en su libro 'The Great Reset' ha anunciado un 'Internet de los Cuerpos', y como posible precursor ya en los próximos años quiere introducir una pulsera electrónica obligatoria, que esté en contacto directo con su cuerpo y que además de su ubicación y actividad también registre su salud, incluyendo si ha recibido o no 'vacunas'.

Sin el "chip" / la vacunación, pronto no se podrá hacer nada en absoluto

El artículo sobre el "GPS en los smartphones precursor del chip implantado" (23 de octubre de 2013) lo explica de la siguiente manera: "Cuando se considera que en el futuro, sin un microchip, es posible que no podamos hacer nada -no poder comprar, vender, vivir, recibir salario/beneficios, que se nos niegue el acceso a cualquier lugar-, entonces rechazar dicho chip parece convertirse en una tarea imposible para la mayoría de las personas, de hecho.

Sustituye el "microchip" por la vacunación (pasaporte), y tendrás exactamente lo que cada vez más políticos en todo el mundo anuncian abiertamente e incluso ya deciden, como el presidente filipino Duterte, que ha dicho que utilizará a la policía para mantener a las personas no vacunadas permanentemente encerradas en casa.

Extrañamente, muchos siguen negándolo profundamente. Cuántas pruebas más hacen falta para que la gente se dé cuenta de que el temido futuro totalitario del que venimos advirtiendo desde 2008 se está haciendo desgraciadamente realidad?

Capítulo 10: La tiranía fascista de Covid

¿Francia y otros países occidentales al borde de las revoluciones? - Los recién nacidos británicos son sometidos a una prueba obligatoria de PCR - Australia despliega el ejército; "Sydney se convierte en un campo de concentración" - ¿Ahora también estás "comprometido sin remedio"?

Llevamos muchos años advirtiendo que las décadas de 1930 y 1940 se están repitiendo e incluso corren el riesgo de ser superadas con creces en cuanto a horror e inhumanidad. Eso era algo que la mayoría de la gente aún no podía imaginar. Seguramente a mediados de 2021 eso debería haber cambiado, ya que los gobiernos de todo el mundo imponen rápidamente la tiranía fascista de Covid a sus poblaciones. Sin embargo, sólo pueden hacerlo porque la mayoría de la gente -a pesar de la enorme carga de pruebas de las constantes mentiras y engaños- sigue ciegamente la propaganda de la pandemia de la corona.

Italia: Protesta contra el Pase Verde en el Parlamento

En Italia, varios miembros de la oposición protestaron en el parlamento con pancartas en las que se leía "Di NO al Pase Verde". Por un momento pareció reinar el caos y el pánico. En el país del sur de Europa, las grandes manifestaciones por la libertad contra las políticas de Covid se producen con regularidad, como ocurrió en Milán.

¿Habrá aún nuevas elecciones?

El 26 de septiembre se celebrarán nuevas elecciones en Alemania y en junio de 2022 en Francia. ¿Se celebrarán aún? Hay rumores de que varios líderes gubernamentales se dan cuenta de que están siendo expulsados, y están hablando seriamente de "suspender" todas las elecciones mientras exista esta "pandemia"", escribe el economista estadounidense Martin Armstrong. En Canadá ya se presentó en junio un proyecto de ley para hacer exactamente eso y acabar así con la democracia. También es posible que los resultados de las elecciones sean simplemente falsificados, como ocurrió en Estados Unidos a finales del año pasado.

(En los Países Bajos, la democracia ha terminado hace tiempo y está en el poder un régimen totalitario en funciones que, a pesar de su condición de interino, sigue tomando decisiones de gran alcance, y apenas es cuestionado en el proceso. (¡Mientras que asuntos tan simples como la mejora de un cruce de tráfico son declarados "controvertidos"! Hablando del mundo al revés).

Los franceses han perdido claramente la fe en la política. En las elecciones de junio, el partido liberal de izquierda del presidente Macron solo obtuvo el 10,9% de los votos. El RN de Marine Le Pen obtuvo el 19,1% y Los Republicanos el 29,3%. Un enorme 68% no se molestó en votar. De todos modos, nunca se escucha al pueblo, y las verdaderas decisiones se toman en Bruselas (UE) y Davos (Foro Económico Mundial).

'Incluso Luis XVI, que fue decapitado, tuvo el apoyo de más gente que Macron. Teniendo en cuenta los ciclos de pánico que aparecen en nuestros modelos electorales en 2022, está claro que no se trata de una cuestión interna. La última vez que ocurrió esto fue cuando Roosevelt y Hitler fueron elegidos'. 'Nuestros modelos para Francia se espabilan el 23/24 de septiembre'.

Ciudad de Filipinas: los no vacunados deberían morir de hambre

Macron anunció recientemente que a las personas no vacunadas se les negará pronto el acceso al transporte público y a los centros comerciales, y que se exigirá que el personal sanitario esté vacunado. Esto provocó protestas masivas en decenas de ciudades. Cientos de miles de personas salieron a la calle, pero, por supuesto, los medios de comunicación holandeses guardaron silencio al respecto. (Sólo salen con todas las cámaras y periodistas que pueden conseguir si un puñado de extremistas climáticos o activistas de Black Lives Matter se manifiestan en algún lugar).

El alcalde de la ciudad filipina de Lapu-Lapu ha ido un paso más allá que el presidente francés y ha prohibido a las personas no vacunadas la entrada a todos los supermercados, tiendas de comestibles y otras tiendas de alimentación. En otras palabras: ¿sin vacuna? Pues muérete de hambre.

Un hospital británico amenaza a los padres que se niegan a someter a su bebé a la prueba PCR

Gran Bretaña también se está hundiendo a una velocidad vertiginosa en la locura e inhumanidad celestial de Covid. Un hospital amenaza con tomar medidas contra los futuros padres porque se niegan a someter a sus bebés a una prueba PCR tras el nacimiento. Sí: incluso los recién nacidos deben someterse a la prueba PCR, totalmente inútil y potencialmente dañina.

El diputado conservador Graham Brady, presidente del comité Tory 1922, escribió en un artículo de opinión en el Daily Mail que sólo hay una razón real para los encierros: el control social, y no la lucha contra Covid. Incluso comparó la sociedad actual con el Síndrome de Estocolmo: cuanto mayor es el control al que se somete a las personas, más dependientes se vuelven.

Sydney se ha convertido en un campo de concentración

En Australia -donde también hay nuevas elecciones en 2022- la policía tiene ahora total libertad para aplicar el quinto bloqueo por estrangulamiento, por el que acabas en la cárcel si te alejas más de 5 km. de tu casa. Unos

cuantos miles de personas se aventuraron a salir a
protestar (lo que está estrictamente prohibido y hace
que te detengan en Nueva Gales del Sur), pero fueron
rápidamente tratados con dureza.

El gobierno incluso anunció que utilizaría al ejército. ¿Y
por qué? Por la friolera de DOS nuevas muertes por
Covid en Sydney, una de 90 y otra de 80 años. Una
cuarta parte de los mayores de 70 años aún no están
"vacunados", y esto se califica de "inaceptable".

No llevar protector bucal: multa de 500 dólares, incluso
para los vacunados. La policía puede cerrar cualquier
tienda si considera que no se cumplen las normas. Han
convertido Sydney en un campo de concentración",
comenta Armstrong. Le dicen a la gente que cuanto
antes se vacune, antes recuperará su libertad. Le dicen
a la gente que delate a sus vecinos, que era
exactamente la misma táctica de la Stasi en Alemania
del Este'.

La civilización no tiene arreglo

'Las consecuencias a largo plazo de estas medidas
romperán por completo la sociedad, porque una vez
que se pone a los vecinos unos contra otros, no se
puede restaurar la civilización. Se están emitiendo
órdenes en todo el mundo para poner la sociedad patas
arriba y hacer que la gente se enfrente entre sí.'

¿Cómo será pronto el caso en los Estados Unidos? Allí el CDC ha declarado abiertamente que son principalmente los vacunados en su totalidad los que están propagando las (supuestas) variantes Delta y Lambda. Mientras tanto, los medios de comunicación culpan falsamente sólo a los no vacunados, lo que significa que el odio deliberadamente atizado entre estos grupos puede degenerar en algún momento en fuerza bruta.

Armstrong: "Y existe el riesgo de que tengamos una versión real de Los Juegos del Hambre, ahora que Biden está pagando a los agricultores para que NO cultiven. ¿Es esta la razón por la que (Bill) Gates se ha convertido en el mayor terrateniente de Estados Unidos, para detener la producción de alimentos?".

Los gobiernos y parlamentos occidentales "ya no representan al pueblo

Con los derechos humanos pisoteados incluso en los países occidentales, 'habrá revoluciones', advierte Armstrong. Nuestro ordenador lo tiene muy claro. Nuestra forma actual de gobiernos y parlamentos se derrumbará, porque ya no representan al pueblo'. Los policías que colaboran en la represión de sus propios ciudadanos 'serán vistos para siempre por la historia como tiranos malvados'. El hecho de que un político ordene algo NO lo hace legal, ético o moralmente correcto'.

Debemos preguntarnos por qué la policía utiliza la misma excusa que los nazis en la Segunda Guerra Mundial: "Befehl es Befehl". Esto significa que son incapaces de pensar libremente.

El ordenador (la I.A. 'Sócrates') designó los meses de agosto a octubre como un período oscuro en el que se producirá un ataque total contra los no vacunados. Una civilización surge cuando es ventajoso para todos trabajar juntos. Las civilizaciones se derrumban cuando surgen las divisiones, y eso es exactamente lo que los gobiernos de todo el mundo están haciendo ahora para mantenerse en el poder. La historia advierte que fracasarán en ese proceso. Tal vez ahora entiendas cómo Sócrates también predijo que las naciones se dividirán siguiendo las mismas líneas que durante los conflictos anteriores".

¿Se acerca el ciberataque de Klaus Schwab?

Puede que (Klaus) Schwab esté tergiversando el malestar social al afirmar que la gente quiere su solución comunista y la "igualdad", pero está llevando a cabo este engaño deliberadamente para someter al mundo entero a su visión económica. Tarde o temprano, el pueblo también asaltará el Foro Económico Mundial. En septiembre, los ánimos se caldearán aún más", piensa Armstrong.

¿Será ese el momento en que Klaus Schwabs ordene su anunciado y recientemente ensayado ciberataque (de falsa bandera), diseñado para asestar finalmente el golpe final al pueblo, la economía y la civilización occidentales, y someterlos a la más dura dictadura comunista de todos los tiempos? Armstrong llamó recientemente a Schwab y Gates, que parecen verse a sí mismos como una especie de semidioses intocables, literalmente los nuevos Hitlers. personalmente pensamos que la miseria que ambos caballeros están creando -con el pleno acuerdo y/o cooperación de casi todos "nuestros" políticos y miembros del parlamento- hará que Hitler sea un niño de coro.

Una entrevista de 2016 con el alto directivo del FEM Klaus Schwab, en la que predice que "dentro de 10 años" se adoptará una tarjeta sanitaria mundial obligatoria y todo el mundo tendrá implantados microchips, se suma a la prueba de que la edición de Covid-19 se preparó minuciosamente.

Al parecer, Schwab estaba trabajando en un plan hace al menos cinco años para crear un enorme brote de virus y explotarlo para establecer pasaportes sanitarios y vincularlos a pruebas y vacunas obligatorias, todo ello según el enfoque problema-reacción-solución. El objetivo es tener un control total sobre toda la población humana del planeta.

Dentro de 10 años, tendremos microchips implantados", dijo Schwab hace cinco años.

En 2016, un entrevistador francófono le preguntó: "¿Estamos hablando de chips implantables?" "¿Cuándo va a ocurrir?

Por supuesto, en los próximos diez años", dijo Schwab. Empezaremos poniéndolos en la ropa'. Después podemos imaginarnos implantándolos en nuestro cerebro o en nuestra piel'. El capataz del FEM comentó entonces su visión de la "fusión" del hombre y la máquina.

'En el futuro, podremos comunicarnos directamente entre nuestro cerebro y el mundo digital'. Observamos una fusión de los mundos físico, digital y biológico'. En el futuro, la gente sólo tendrá que pensar en alguien para poder comunicarse directamente con él a través de la "nube".

No habrá más personas biológicas con ADN natural en el mundo transhumanista, que finalmente se convertirá en totalmente "digital". La "nube" se utilizará para almacenar los datos de todos.

La humanidad ha comenzado a ser reprogramada genéticamente.

El orden económico actual será destruido por el "Gran Reset" de Schwab ("Build Back Better"). El inminente colapso financiero será aprovechado para lanzar un nuevo sistema global basado únicamente en dinero y transacciones digitales. Este nuevo sistema estará conectado a todo el mundo gracias a la tecnología 5G. A los que se nieguen se les prohibirá "comprar y vender", es decir, la vida social.

A finales de la década de 2020, las "vacunas" de ARNm de Covid-19 comenzaron a programar y manipular genéticamente a la humanidad con el fin de hacerla "apta" para ser primero vinculada, y luego integrada, con este sistema digital global, que, como saben, creemos que es el reino bíblico de "la Bestia".

Estas vacunas que alteran los genes tienen el potencial de eliminar tu libre albedrío y tu capacidad de pensar por ti mismo, así como tu deseo y capacidad de conectar con el reino espiritual.

Perspectiva cristiana: La humanidad está apartada de Dios

Desde una perspectiva cristiana, la reprogramación del ADN humano a través de estas vacunas puede verse como el último intento de Satanás de separar permanentemente a la humanidad de Dios. Esta parece ser la verdadera explicación de la advertencia del libro profético de la Biblia, el Apocalipsis, de que los individuos que lleven esta "marca" perecerán.

Esto no es simplemente por un chip y una sucesión de pinchazos; es por lo que esos pinchazos harán a y en ti. Como resultado, Dios será incapaz de salvar a aquellos cuyas mentes (libre albedrío) han sido reprogramadas a la obediencia total ("adoración"). Eso hará necesaria su intervención, porque de lo contrario, la humanidad en su conjunto se perderá para siempre.

Las falsas enseñanzas han cegado a una gran parte del cristianismo.

El aspecto esencial de este artero complot, que ha estado en los trabajos durante mucho tiempo, fue la infiltración del cristianismo con una serie de falsas enseñanzas, con el objetivo de mantener a los creyentes ciegos hasta el final de los tiempos en preparación para el advenimiento y establecimiento del gobierno de la Bestia.

De hecho, entre decenas y cientos de millones de cristianos, sobre todo en Occidente, creen que nunca tendrán que vivir este periodo. Incluso ahora, cuando la implementación de este sistema ha comenzado, la mayoría de la gente se niega a aceptarlo. Con sus puntos de vista a favor de la vacunación, la mayoría de los partidos e iglesias cristianas están cooperando abiertamente en este "Gran Restablecimiento" al dominio de "la Bestia". En términos teológicos, el Vaticano es el conductor más poderoso y convencido de esto.

'¡Pero si nos han engañado!' no es una excusa.

¿Quizás un paralelismo bíblico pueda ayudar a algunos a entenderlo? Génesis 3, el relato de la creación y la 'Caída', tal como se nos cuenta hoy: La serpiente persuadió a Adán y Eva de que no podían 'comer' la 'manzana', en este caso la señal, es decir, que no se la pincharan (prueba de la raíz de 'la señal': charagma = arañar/algo con una aguja = pinchar), pero la serpiente los persuadió de que esta señal no los condenaría, sino que los convertiría en 'dioses'. Después de ser persuadidos por esta falsedad, sus quejas contra Dios ('¡pero si nos han mentido!') fueron inútiles, y murieron lenta y dolorosamente. Podían y debían haberlo sabido, por lo que no tenían justificación.

82

Aceptar "la señal", según la Biblia, conlleva una consecuencia aún peor: la muerte eterna. Permitir que te modifiquen genéticamente con vacunas de ARNm y que luego te integren en una red digital global, renunciando así a todo el control sobre tu cuerpo y tu libre albedrío, dependerá de cada individuo decidir si el peligro merece la pena.

Capítulo 12: Sin asistencia sanitaria

Algunos médicos están tan adoctrinados y aterrorizados que culpan a los propios enfermos: "Mi jefe me presionó mucho para que me vacunara".

Highwire, el programa de salud estadounidense de más rápido crecimiento en Internet, que ya cuenta con más de 75 millones de espectadores, centró recientemente su atención en una preocupante tendencia en Estados Unidos que también puede estar produciéndose en otros países occidentales. En efecto, cada vez son más los médicos que se niegan a tratar a las personas que sufren graves efectos secundarios y reacciones adversas tras la vacunación con la vacuna Covid-19. La razón es obvia: el establishment político y farmacéutico ha canonizado efectivamente estas vacunas manipuladas genéticamente. Si la gente se pone muy enferma o incluso muere a causa de ellas -en Estados Unidos en 2021 ya habrá un 4000% más de víctimas de las vacunas que en todo el año 2020 de todas las demás vacunas juntas-, entonces las instrucciones son que no puede ni debe ser culpa de la vacuna. Los médicos que a pesar de todo observan esto deben temer por sus trabajos y carreras.

Algunos médicos están tan adoctrinados que culpan a los propios enfermos. Llaman a las personas que sufren efectos secundarios graves tras la vacunación pacientes con un 'trastorno de conversión', temiendo poner en su expediente que la vacuna es la causa probable. (O, en otras palabras, 'vuélvase a casa, señorita, porque lo tiene entre ceja y ceja').

El 4 de enero, mi jefe me presionó mucho para que me vacunara", me dijo Shawn Skelton. Después de cumplir, experimentó inmediatamente efectos secundarios, como síntomas leves de gripe. Pero al final del día, me dolían tanto las piernas que no pude soportarlo más. Cuando me desperté al día siguiente, me temblaba la lengua, y luego fue empeorando. Al día siguiente tuve convulsiones por todo el cuerpo. Eso duró 13 días".

'Demasiado miedo para tratarnos', dicen.

Un médico me dijo que el diagnóstico era: 'No sé qué te pasa, por lo tanto te culpamos'", dijo otro. Skelton explicó. Los médicos no saben cómo abordar los efectos negativos de la vacuna de ARNm. También creo que les aterra. No sé por qué ningún médico quiere ayudarnos".

Otras dos trabajadoras sanitarias, Angelia Desselle y Kristi Simmonds, tuvieron experiencias similares. Ellas también sufrieron convulsiones y sus médicos también se negaron a tratarlas. Un neurólogo rechazó que Desselle le remitiera por correo electrónico. Era un especialista en trastornos del movimiento, que yo creía necesitar. Mi médico de cabecera dijo que parecía que tenía Parkinson avanzado. Pero me contestó por correo electrónico que tenía tareas muy complejas y que no podía verme en ese momento'.

Como otros médicos también le cerraron la puerta, acudió a un neurólogo sin mencionar que se había vacunado contra el Covid-19. No quería que me enviaran de nuevo. Pero está en mi historial médico, así que cuando lo miró me dijo '¿así que te vacunaste? Y yo le dije 'sí, pero no quería darle esa información porque necesito ayuda'". Ahora por fin está recibiendo tratamiento para sus ataques de migraña.
En Europa, los médicos de cabecera y los especialistas están sujetos a una normativa estricta.

No sabemos si los médicos de cabecera en Europa también se niegan a tratar a los pacientes vacunados que se encuentran mal. Sin embargo, se les prohíbe recetar a los pacientes (sospechosos) de haber recibido la corona fármacos de eficacia probada y segura, como la hidroxicloroquina y la ivermectina. Nada debería amenazar el "sagrado" programa de vacunación masiva - recuperación: programa de ingeniería genética, después de todo.

En Europa, los médicos de cabecera y los especialistas están sujetos a una normativa estricta.

No sabemos si los médicos de cabecera en Europa también se niegan a tratar a los pacientes vacunados que se encuentran mal. Sin embargo, se les prohíbe recetar a los pacientes (sospechosos) de haber recibido la corona fármacos de eficacia probada y segura, como la hidroxicloroquina y la ivermectina. Nada debería amenazar el "sagrado" programa de vacunación masiva

- recuperación: programa de ingeniería genética, después de todo.

A principios de este año, el gobierno hizo recaer toda la responsabilidad de las consecuencias de las vacunas Covid sobre los hombros de los profesionales sanitarios y las personas que se vacunan con ellas. Por lo tanto, no es inconcebible que los profesionales y especialistas de la salud en Europa se muestren reacios a reconocer, y mucho menos a tratar, a las víctimas de la vacunación como tales.

Capítulo 13: Supervariantes

Los llamados expertos que afirman que las variantes son causadas por personas no vacunadas no tienen ningún conocimiento científico. La única causa real es la vacunación masiva. Estas vacunas suprimen la inmunidad natural de las personas vacunadas'

El eminente experto en vacunas Dr. Geert Vanden Bossche, que anteriormente trabajó con la alianza GAVI y la Fundación Bill y Melinda Gates, ha publicado un artículo con el revelador título de "Último aviso". Si el mundo no deja de vacunar inmediatamente a Covid, está convencido de que se producirá una ola imparable de enfermedades graves, incurables y mortales.

Vanden Bossche es un científico de sistemas que normalmente está muy a favor de la vacunación, y por lo tanto sigue asumiendo la existencia del "novedoso" virus corona / SARS-CoV-2 y de las "infecciones" probadas. Dejaremos esa discutible posición por ahora, porque en este momento lo más importante es que los políticos dejen de ignorar la creciente oposición de científicos consagrados como él.

A principios de este año, Vanden Bossche advirtió que suministrar nuevas vacunas a miles de millones de personas durante una pandemia -algo absolutamente imposible en inmunología hasta 2020- podría tener consecuencias nefastas, ya que podría hacer mucho más peligrosas las mutaciones que normalmente siempre se producen, sobre todo de virus respiratorios como el corona.

Estas vacunas tienen el efecto contrario".

En su artículo "Final Warning", expone con amplios argumentos de base científica que está ocurriendo exactamente lo que tanto temía. Los principales medios de comunicación intentan culpar falsamente a los no vacunados de las nuevas variantes y medidas relacionadas. Esto es algo a lo que el experto en vacunas se opone con vehemencia.

Su larga historia técnica se reduce al hecho de que son precisamente las vacunas Covid-19 las que hacen que algunas mutaciones se vuelvan resistentes a la inmunidad. 'Las campañas de vacunación masiva durante una pandemia, especialmente durante una pandemia con más variantes infecciosas, no lograrán la inmunidad de grupo ni contendrán las futuras oleadas de enfermedad... De hecho, tienen exactamente el efecto contrario, ya que promueven la propagación de variantes de escape VI más fuertes, y suprimen la inmunidad natural en las personas vacunadas". (énfasis añadido)

'Esto sólo conducirá a mayores tasas de morbilidad y mortalidad en la parte de la población que normalmente tiene protección natural contra el Covid-19 (o sea, la gran mayoría de la población). La disminución de la morbilidad y la mortalidad graves sólo se observa en las personas mayores y en las que padecen algunas enfermedades subyacentes. Por lo tanto, el resultado de las campañas de vacunación masiva es totalmente diferente del objetivo original, que era proteger a la gran mayoría de la población".

'Graves consecuencias por las supervariantes si seguimos vacunando'

Desde el punto de vista científico, dice, es difícilmente concebible que las variantes más contagiosas del SARS-CoV-2 no escapen rápidamente a la inmunidad que gran parte de la humanidad ya ha desarrollado, "y pasen a ser una supervariante que evada la respuesta inmunitaria de todas las vacunas Covid-19 basadas en la S (espiga)". Es sencillamente inconcebible que las actuales campañas de vacunación masiva puedan contener, y mucho menos acabar, con estas variantes pandémicas o más contagiosas del SARS-CoV-2, y forzar a este virus a adquirir características más suaves, en lugar de más problemáticas".

Estas nuevas variantes "suponen una amenaza enorme e inmediata para la población humana, y tendrán consecuencias nefastas si continuamos con la vacunación masiva durante estas altas tasas de infección, mientras se relajan en gran medida las medidas de prevención".

La vacunación masiva es la única culpable real

Por último, pero no por ello menos importante, hay que subrayar que quienes se autodenominan "expertos" y pretenden que esta pandemia es una "pandemia de los no vacunados" no comprenden científicamente en absoluto la dinámica evolutiva del Sars-CoV-2, ya que está surgiendo de una combinación de alta infectividad viral y de la (alta) tasa de vacunación. (subrayado y negrita añadidos)

'No se puede culpar de esta escalada de la pandemia ni a los vacunados (que simplemente creían que la vacuna les protegería del Covid-19) ni a los no vacunados (que simplemente creen que no necesitan una vacuna para estar protegidos). La vacunación masiva es la única culpable real".

(Se envió una copia de esta carta a la OMS, los NIH, los CDC, la Fundación Bill y Melinda Gates, la GAVI, la FDA, la EMEA y a los responsables de I+D de Pfizer, Moderna, Astra-Zeneca, J&J, Novavax y GSK).

Capítulo 12: Supresión del sistema inmunitario

Covid-19 es "principalmente una enfermedad vascular", según los investigadores - Circulation Research: La lesión pulmonar se ve favorecida por la proteína de la espiga - Su sistema inmunitario trabaja contra usted para protegerle de la vacuna.

En una publicación científica, los investigadores del famoso Instituto Salk, fundado por el pionero de las vacunas Jonas Salk, admiten indirectamente que las vacunas Covid inducen coágulos sanguíneos que ponen en peligro la vida y dañan tanto los vasos sanguíneos como el sistema inmunitario.

A principios de esta semana señalamos que cada vez más científicos de renombre opinan que las vacunas son el mayor peligro para la salud humana.

Miles de europeos y estadounidenses ya han pagado con sus vidas, y cientos de miles con su salud, su participación "voluntaria" en el mayor experimento "médico" de la historia.

En Occidente, todas las vacunas Covid programan el cuerpo humano para crear la proteína de la espiga, el elemento más letal del supuesto virus SARS-CoV-2, con el objetivo de blindar a los humanos contra las consecuencias dañinas de la proteína de la espiga.

En pocas palabras, hacemos que su cuerpo fabrique algo dañino para que genere anticuerpos contra ese mismo peligro, pero no tenemos idea de cómo o si este proceso se detendrá alguna vez.

Entonces, ¿por qué no correr el "riesgo" de contraer el virus, que se ha demostrado que no enferma al 99,7% de la población, si es que lo hace? No, en 2021, esa línea de razonamiento racional, históricamente no controvertida, resulta de repente tan anticuada. Ya no podemos confiar en nuestro sistema inmunológico natural y debemos confiar en lo que se administra a través de una jeringa.

La Covid-19 es sobre todo una enfermedad vascular", afirma el investigador.

La industria de la vacunación, los políticos y los medios de comunicación siguen insistiendo en que la proteína de la espiga es segura, pero el Instituto Salk ha establecido ahora que no es así. Por el contrario, los investigadores del Salk y otros colegas científicos advierten en la publicación "La proteína de la espiga del nuevo coronavirus desempeña un papel extra crucial en la enfermedad" que la proteína de la espiga daña las células, "confirmando que el Covid-19 es en gran medida una enfermedad vascular."

¿Otra proteína de punta que se ha cobrado tantas vidas?

Por supuesto, los científicos de Salk tienen prohibido criticar directamente las vacunas. Por eso, según su artículo, la proteína de espiga producida por las vacunas se comporta de forma muy diferente a la producida por el supuesto virus.

Para empezar, esto contradice todas las afirmaciones de los fabricantes de vacunas de que sus vacunas crean la misma proteína de espiga. En segundo lugar, pone en duda la eficacia de las vacunas, porque si la proteína de espiga producida por las vacunas difiere significativamente de la producida por el virus, ¿qué sentido tiene la vacunación (suponiendo, por el momento, que estas "vacunas" diseñadas genéticamente funcionen)?

En el lado positivo, incluso los científicos pro-vacunas aceptan ahora que la proteína del pico es la culpable de un gran número de muertes y de personas que sufren importantes efectos secundarios y daños a la salud a largo plazo, a menudo permanentes. En otras palabras, es una admisión implícita de que las vacunas Covid-19 son potencialmente mortales.

La proteína de la espiga provoca lesiones pulmonares, según una investigación publicada en Circulation Research.

"La proteína de la espiga SARS-Cov-2 perjudica la función endotelial al inhibir la ACE-2", según un estudio científico publicado en Circulation Research. El interior del corazón y los vasos sanguíneos están revestidos de células edoteliales. Al disminuir los receptores de la ECA-2, la proteína spike "favorece la lesión pulmonar". Las células endoteliales de las arterias resultan dañadas y, en consecuencia, el metabolismo se ve alterado.

Los autores de este estudio también estaban a favor de la vacunación, afirmando que los "anticuerpos generados por la vacuna" pueden proteger al cuerpo de la proteína de la espiga. Esencialmente, la proteína de la espiga puede causar un daño significativo a las células vasculares, y el sistema inmunitario puede contrarrestar este daño combatiendo la proteína de la espiga.

El sistema inmunológico está tratando de protegerte CONTRA la vacuna

En otras palabras, el sistema inmunitario humano se esfuerza por defender al paciente de los efectos negativos y las reacciones contrarias de la vacuna para evitar que muera. Cualquiera que sobreviva a la vacuna Covid lo debe a la protección de su propio sistema inmunitario CONTRA la vacuna, no a la vacunación en sí.

'La vacunación es el arma', concluye Mike 'Natural News' Adams. 'Su sistema inmunológico le protege. Todas las vacunas Covid deberían ser retiradas del mercado inmediatamente y reevaluadas por sus efectos negativos a largo plazo basándose únicamente en esta investigación.'

Según las estadísticas oficiales del VAERS, el número de muertes relacionadas con las vacunas en Estados Unidos en 2021 será casi un 4000 por ciento más que el número total de muertes relacionadas con las vacunas en 2020.

La santa vacuna no tiene la culpa de un infarto o una hemorragia cerebral.

El siguiente mecanismo ha sido probado científicamente y ya está establecido: las vacunas Covid-19 incitan a su cuerpo a producir la proteína de la espiga, que puede causar daños vasculares y coágulos de sangre, que pueden desplazarse por todo el cuerpo y acabar en varios órganos (corazón, pulmones, cerebro, etc.). A las personas que mueren como consecuencia de esto se les dice que han tenido un "ataque al corazón", un "coágulo de sangre" o una "hemorragia cerebral"; nunca se puede ni se debe culpar a las sacrosantas vacunas, por muchas pruebas que haya hoy en día que demuestren que son las principales razones.

Los vacunados parecen ofrecer un riesgo a los no vacunados, además de la posibilidad de un daño permanente o mortal para su propia salud. Muchos de los "wappies" de la corona que se han vacunado recientemente se han transformado en "fábricas de púas" andantes, y ahora pueden exhalar estas proteínas de las púas. Pueden así infectar a otros a través de este proceso de "desprendimiento".

Las vacunas contra las armas biológicas fueron creadas por la administración del apartheid contra la población negra.

Las vacunas se han utilizado durante mucho tiempo como armas biológicas contra el público en general. El Gobierno del Apartheid de Sudáfrica creó la tecnología subyacente a dicha vacuna "autorreplicante". Los científicos estaban desarrollando vacunas "raciales" en ese momento, con el objetivo de erradicar a gran parte de la población negra.

Este año, la Escuela de Salud Pública Johns Hopkins Bloomberg propuso utilizar una vacuna autorreplicante para "vacunar" automáticamente a toda la población mundial. Posteriormente se utilizarían drones y robots de IA para aplicar y supervisar el programa.

Las personas que todavía están ansiosas por inscribirse en un callejón de vacunas para ser modificadas genéticamente para generar una proteína de punta potencialmente mortal parecen haber sido totalmente engañadas por los medios de comunicación y los políticos del sistema. Han sido insensibilizados ante todas las advertencias y las montañas de pruebas, y no pueden creer que el mundo esté siendo gobernado por monstruos sin escrúpulos que no tienen ningún reparo en cometer el genocidio potencialmente más grande de la historia de la humanidad.

Capítulo 14: La propaganda del miedo

El gobierno "tiene una masa de almas inocentes en su conciencia" - "No creas sus mentiras" mientras el gobierno y los medios de comunicación salen con nuevas declaraciones alarmistas

El redactor jefe del mayor periódico de Europa, el Bild alemán, pidió perdón al público ante las cámaras por la propaganda del miedo sobre el Covid-19. Convencimos a nuestros hijos de que matarían a su abuela si se atrevían a ser lo que son: niños. O si se encontraban con sus amigos. Nada de esto se ha demostrado científicamente'. Advirtió al gobierno que, con las duras medidas de encierro, pasará a los libros de historia como líderes que tendrán 'una masa de almas inocentes en su conciencia'.

La cobertura de Bild "ha sido como un veneno", admitió ante las cámaras el redactor jefe Julian Reichelt. Ha dado a los niños "la sensación de ser un peligro letal para la sociedad", con efectos psicológicos muy perjudiciales demostrados en todo el mundo y, en muchos países, un fuerte aumento del número de suicidios.

'Perdonad que esta política os haya convertido en víctimas durante año y medio'

'A los millones de niños de este país de los que nuestra sociedad es responsable, me gustaría testificar aquí lo que ni nuestro gobierno ni nuestro canciller se atreven a decirles. Os pedimos que nos perdonéis. Perdonadnos por esta política que os ha convertido en víctimas de la violencia, el abandono, el aislamiento y la soledad durante un año y medio".

'Hemos convencido a nuestros hijos de que matarían a su abuela si se atrevieran a ser lo que son: niños. O si conocieran a sus amigos. Nada de esto se ha demostrado científicamente. Si un Estado le quita los derechos a un niño, debe demostrar que al hacerlo lo protege de un peligro concreto e inmediato. Esa prueba nunca se ha aportado. Ha sido sustituida por la propaganda mediante la cual se ha presentado al niño como un vector de la pandemia".

No te creas sus mentiras

Reichelt también señaló el hecho de que expertos con otros puntos de vista más moderados 'nunca fueron invitados a la mesa'. El redactor jefe instó a todo el mundo a "no creer estas mentiras" cuando el gobierno y los medios de comunicación vuelven a hacer todo tipo de declaraciones alarmistas (sobre variantes, "infecciones" (falsas), etc.).

El máximo responsable del periódico, que con 1,24 millones de ejemplares es el mayor de Europa, pidió a las autoridades que reabran inmediatamente las escuelas y los polideportivos, y advirtió a los políticos que con sus duras medidas de cierre pasarán a los libros de historia como dirigentes que tendrán "una masa de almas inocentes en su conciencia".

Europa se convirtió en una dura dictadura

Decenas de miles de manifestantes que protestaban en Berlín contra la introducción de los pasaportes de vacunación y la discriminación y exclusión de los no vacunados fueron atacados salvajemente por la policía. Las impactantes imágenes no tuvieron nada que envidiar a las más duras dictaduras fascistas que han existido en este planeta. Esto hizo que el Relator Especial de la ONU sobre la Tortura, Nils Melzer, pidiera a los testigos presenciales que se presentaran para una posible investigación oficial sobre las graves violaciones de los derechos humanos.

Recientemente se ha revelado que el servicio de inteligencia alemán está vigilando y espiando a los manifestantes contrarios al bloqueo, alegando que forman parte de una "conspiración" para "perturbar" la sociedad. El gobierno europeo aprobó recientemente una ley que permite tratar todas las demás opiniones y voces disidentes como "perturbadoras de la sociedad". Esta fue la enésima prueba de que también nuestro país está siendo convertido en una dictadura fascista totalitaria por nuestros propios dirigentes.

Capítulo 15: Sin vacuna = sin derechos civiles

'Estos atropellos: ¡Son culpa tuya! Has estado observando y tolerando en silencio. Esta es vuestra gran culpa: ¡sois en parte responsables de estos atroces crímenes!' Luego sobre el destino de los judíos, más tarde sobre el destino de los no vacunados...

Ya en enero de 2020, antes de que la "corona" llegara a Europa, escribimos que la llamada "pandemia" bien podría ser un pretexto para el establecimiento de un gobierno mundial tiránico en el que nuestra libertad, democracia y autodeterminación habrían llegado a su fin. Aunque la mayoría de la gente se negó a creer que se llegaría a eso, repetimos esta advertencia muchas veces. Con razón, porque basta con ver las medidas de apartheid fascista en toda regla que se están tomando en Europa. Como en Italia, donde a las personas no vacunadas se les niega el acceso a los colegios electorales, y a los políticos y parlamentarios no vacunados ya no se les permite figurar en la lista de candidatos del Partido Democrático.

En el punto 8 del "The Great Reset" del Foro Económico Mundial, los floridos términos sobre la supuesta defensa de los derechos humanos anuncian el fin de nuestra democracia. Si fuera por Klaus Schwab, nadie podría opinar sobre su propia vida, su futuro, su salud e incluso su cuerpo. Como sabemos, Sigrid Kaag y Mark Rutte, que describieron literalmente el Gran Reajuste de Schwab como "un futuro esperanzador", están totalmente detrás de este golpe tecnocrático largamente planeado, y ahora en curso, contra nuestra sociedad y nuestro futuro.

Sin vacuna = sin voto

El primer ministro italiano Mario Draghi, que como presidente del BCE clavó sin ayuda un fuerte clavo en el ataúd de la eurozona con años de tipos de interés negativos, muestra cuál es el verdadero objetivo de la promesa de Covid y todas sus medidas restrictivas. Ahora que el pasaporte Covid se ha introducido oficialmente en la UE, Draghi está dando el siguiente paso tiránico al hacer que este pasaporte sea obligatorio no sólo para los restaurantes, los eventos y el transporte público, sino también para el acceso a los colegios electorales. En otras palabras, sin pinchazo = sin voto.

El ex primer ministro Enrico Letta (2013-2014), del Partido Democrático PD, también presidente del think tank extremista pro-UE Institut Jacques Delors, ha anunciado mientras tanto que las personas no vacunadas ya no serán incluidas en la lista de candidatos. Es sólo cuestión de tiempo que los demás partidos del Parlamento, y luego otros países de la UE, sigan su ejemplo.

"Vacunación al 100% para imponer la obediencia total

Puede que los europeos "no tengan armas de fuego, pero pueden defenderse de otras maneras", comenta el economista estadounidense Martin Armstrong. Estos líderes están tan descarrilados y sin emociones porque ya no pueden mantener la pretensión de que tienen todo bajo control. Ya no pueden financiar sus deudas, y no pueden concebir la posibilidad de dejar de gastar".

'Están cambiando la economía para el Gran Reset PORQUE el sistema está fallando. El verdadero objetivo de las vacunas al 100% es convertir a toda la sociedad en zánganos obedientes '.

"Los tiranos covacha volverán a masacrar a la gente

Estos tiranos de Covid simplemente tendrán que recurrir a la masacre de personas". Así, en todo Occidente, los manifestantes por la libertad están siendo atacados salvajemente -como ocurrió hace unos días en Berlín, cuando incluso mujeres mayores fueron arrojadas al suelo por el M.E. y una mujer de 48 años fue golpeada hasta la muerte con porras- y retratados por los medios de comunicación como extremistas peligrosos, insurgentes, "peligros para la sociedad" e incluso terroristas y enemigos del Estado.

Si piensas: a dónde va esto, sólo tienes que releer los anales históricos sobre la persecución de los judíos por parte de los nazis en la década de 1930. Sustituye "judíos" por "no vacunados" y comprueba por ti mismo las escalofriantes similitudes. Al igual que los judíos de entonces, los no-vacunados y los anti-vacunas están empezando a perder no sólo sus libertades, sino también sus puestos de trabajo y posiciones. (Ver también nuestro artículo del 23 de septiembre de 2020: Así es como el Reichsmarschall Göring consiguió que la gente lo hiciera: 'Asústenlos y díganles que los negacionistas son un peligro').

Si la gente no se levanta pacíficamente en masa contra esta discriminación estatal, la exclusión inhumana y el Apartheid, las personas no vacunadas acabarán siendo condenadas al ostracismo de la sociedad. Entonces, una nueva "solución final" también se vislumbra a la vuelta de la esquina: los campos de concentración.

Que está en silencio, está de acuerdo

'Estos atropellos: ¡Su culpa! Has permanecido en silencio y has tolerado en silencio. Esta es vuestra gran culpa: ¡sois en parte responsables de estos crímenes atroces!", rezaba un cartel distribuido en Alemania poco después de la guerra, en 1945, en el que se mostraban unas impactantes fotografías de pilas enteras de cadáveres demacrados de judíos.

¿Indiferente entonces a la suerte de los judíos, indiferente ahora a la suerte de los no vacunados? Dada la actitud de los políticos y la información escandalosamente sesgada de los medios de comunicación convencionales y sociales (01-08: la CNN pide abiertamente que todos los no vacunados se

107

mueran de hambre), las cosas se están moviendo con fuerza en esa dirección. Como he concluido artículos muchas veces antes: la humanidad no ha aprendido absolutamente nada del pasado, y está cometiendo EXACTAMENTE los mismos errores fatales que entonces. Sólo que el número de víctimas de Schwab, Gates, Soros y todos sus lacayos políticos será un múltiplo de las de Hitler, Stalin, Lenin y Mao sumadas.

Sin embargo, todavía hay tiempo para un NO masivo y pacífico. Al mismo tiempo, en toda nuestra historia de posguerra, ahora más que nunca, la regla es: el que calla, otorga. ¿O es que la conciencia del pueblo y de sus dirigentes se ha embotado ya hasta tal punto que el fin de toda libertad y esta exclusión y expulsión de los no vacunados, que conduce a un Endlösung, se considera realmente una buena idea?

Capítulo 16: ¿Suscripciones a vacunas?

Los investigadores de la división "Virus Watch" del University College London (UCL) han llegado a la conclusión de que las vacunas Covid-19 pierden su supuesto efecto protector después de sólo 6 semanas. Esto significa que cada persona vacunada tendrá que recibir nuevas "vacunas de refuerzo" cada 2 o 3 meses, haciendo realidad la "suscripción a la vacuna" que predijimos hace más de un año. Los análisis de sangre muestran una y otra vez que las vacunas alteran y dañan los glóbulos rojos, haciendo que se aglutinen. En la mayoría de las personas vacunadas, pasan de varios meses a unos pocos años como máximo antes de que empiecen a experimentar efectos graves por este motivo.

Los análisis de sangre de 552 personas "vacunadas", principalmente de entre 50 y 70 años, mostraron que los anticuerpos supuestamente producidos por las vacunas de Pfizer y AstraZeneca comenzaron a disminuir después de sólo un mes y medio. En algunos, la llamada "inmunidad vacunal" se reduce a más de la mitad en menos de 3 meses.

A pesar del fracaso total, las "vacunas" continúan

Desde el año pasado, la población ha sido bombardeada por los principales medios de comunicación con la propaganda de que hasta dos inyecciones le protegerían de Covid-19. Los científicos críticos y otros expertos señalaron inmediatamente que lo más probable es que se trate de un gran disparate. Fueron vilipendiados por ello como difusores de "desinformación", pero ahora parece que han vuelto a tener razón.

A pesar de este fracaso total de sus "santas" inyecciones, los creyentes de la vacuna no ceden. Eleanor Riley, catedrática de inmunología de la Universidad de Edimburgo, por ejemplo, afirma que los resultados eran "esperables", y "no necesariamente un problema".

No, si la intención desde el principio era dar a la gente "vacunas de refuerzo" hasta el infinito. Estas, según ella, serían "necesarias" para reducir la "propagación" de la enfermedad, una afirmación de la que, por cierto, todavía no hay pruebas.

Permanentemente en las vacunas de refuerzo

Al contrario: cada vez hay más pruebas de que las inyecciones de Covid causan las mismas "variantes" que los medios de comunicación achacan falsamente a los no vacunados, y que los vacunados son más vulnerables a ellas debido a las inyecciones. Al mismo tiempo, un nuevo estudio demuestra que la inmunidad acumulada de forma natural (es decir, sin vacunación) probablemente ofrezca una protección de por vida.

Las inyecciones experimentales de terapia genética de ARNm, empaquetadas como "vacunas", son, en el mejor de los casos, un nuevo y fantástico modelo de negocio para la Gran Farmacia. Con la ayuda de políticos desprevenidos o sin escrúpulos, obligan a toda la población mundial a recibir inyecciones de refuerzo permanentes en sus cuerpos, y luego también ganan miles de millones con las numerosas enfermedades y trastornos (crónicos) que la gente contrae como resultado.

Entre el 30% y el 60% ya tiene coágulos de formación

Y que esto va a ocurrir es realmente un hecho. Diversos estudios entre personas vacunadas en Alemania y Canadá, entre otros, demostraron que al menos el 30% y más del 60% ya desarrollan coágulos de sangre. Incluso personas jóvenes extremadamente sanas desarrollaron miocarditis y pericarditis después de la vacunación. Una de las principales razones es la obstrucción de los vasos sanguíneos, capilares y venas.

Recientemente hemos calculado que si los resultados de los médicos (generales) de Alemania, Canadá y Gran Bretaña son normativos a nivel internacional, entre 150.000 y 400.000 ciudadanos de un país pequeño morirán por coágulos de sangre en los próximos años.

El médico británico Dr. Van Welbergen, con más de 40 años de experiencia, hizo examinar al microscopio la sangre de sus pacientes a los que se les había inyectado

Moderna. Los resultados fueron impactantes: se comprobó que numerosos glóbulos rojos estaban dañados, de modo que ya no fluían "suavemente" por los vasos sanguíneos, sino que empezaban a aglomerarse.

Esto es inimaginablemente alucinante y aterrador", dijo el Dr. Ruby. Ahora sabemos que las vacunas de Pfizer y Moderna son la causa de los coágulos de sangre y de todas estas hemorragias cerebrales y ataques cardíacos, la miocarditis, la debilidad, los trastornos neurológicos similares al guillain-barré y al MS.... La sangre parece envenenada. Hay cosas peligrosas en ella, y los glóbulos rojos reaccionan violentamente a ello y se alteran'. Como resultado, el oxígeno ya no se transporta correctamente por el cuerpo, lo que hace que las personas se sientan cansadas, mareadas, distraídas, confusas, etc.

Crímenes contra la humanidad con el pretexto de las vacunas

Mientras tanto, cada vez son más los vaxxers que sufren el llamado Síndrome CoVax (letargo, debilidad y fatiga severas, síntomas parecidos al estrés o al agotamiento, dolor punzante severo, problemas de visión y audición, depresión).

Entre los adolescentes y adultos jóvenes, las inyecciones de Covid ya han causado 250 veces más muertes que el (presunto) coronavirus (3). Por ello,

Adams considera incomprensible que estas "vacunas" puedan seguir llamándose "seguras y eficaces". Son crímenes contra la humanidad bajo el pretexto de las vacunas". Incluso advierte de "un próximo holocausto de vacunas".

Capítulo 17: ¿Engaño climático y futura dictadura 2030?

Groenlandia acaba de experimentar un aumento récord de hielo - Brasil pierde 10 millones de sacos de café por el FRÍO - La cruda realidad del enfriamiento global acabará pulverizando el cuento de hadas del calentamiento global del CO2

Los encierros climáticos se convertirán en permanentes, ya que según la Agenda 21 / 2030 de la ONU, todas las personas deberán ser encerradas en megaciudades, y se les prohibirá el libre acceso a la naturaleza.

En todo el mundo, miles de verdaderos científicos no se han tomado en serio al IPCC -el panel climático de la ONU dirigido por ideólogos de extrema izquierda y "expertos" aprobados por ellos- durante años. Qué diferencia hay con los políticos y los principales medios de comunicación, que bien por convicción o por crédula ignorancia han abrazado plenamente esta demagógica agenda de falsa ciencia, que sólo tiene un objetivo: demoler totalmente la libertad, la democracia y la prosperidad en Occidente, y someter al mundo entero a una dictadura comunista totalitaria. El último informe "catastrófico" del IPCC está de nuevo lleno de tonterías demostrables sobre el calentamiento global, y sólo pretende asustar aún más a la población y hacerla madurar para un bloqueo "climático" permanente.

El Secretario General de la ONU, Guterres, ya anunció a finales del año pasado la "emergencia climática", que se mantendrá hasta que se alcance la "neutralidad climática" en 2050. Esto significa que durante los próximos 30 años aproximadamente estaremos sumidos en bloqueos climáticos, que se sucederán tan rápidamente que pronto habrá una situación permanente que nunca se revertirá ni siquiera después de 2050.

El objetivo: el control total de todo y de todos

El objetivo de la élite globalista de la ONU/OMS/FEM/UE/FMI es bien conocido por todos ustedes a estas alturas: el control total de todo y de todos, literalmente. El IPCC está ahora tratando de dar una razón de antemano para la escasez de alimentos, combustible y energía que se avecina, y la propagación del caos y la pobreza que resultará, con la mentira del "calentamiento acelerado causado por el hombre". La verdadera causa del cambio climático, un enfriamiento continuo debido al nuevo Gran Mínimo Solar y al rápido debilitamiento del campo magnético de la Tierra, probablemente nunca se admitirá.

No se puede controlar el sol, y tampoco se puede poner un impuesto a nuestra estrella, así que los alarmistas del clima en la política, los medios de comunicación y las instituciones como el IPCC seguirán con sus mensajes de pánico de falsa ciencia exigiendo que las emisiones humanas de CO_2 deben llegar a cero para detener una catástrofe climática, y que usted y yo debemos hacer grandes sacrificios que llevarán al fin irrevocable de nuestra libertad y prosperidad actual, y con ello cosas como energía y alimentos asequibles, calefacción fiable y transporte privado.

El sol y el clima no se preocupan por el dictado occidental

Mientras tanto, al sol y al clima no les importa el falso dictado del CO2 de los alarmistas occidentales. Debido a los fuertes fríos en Sudamérica, Argentina y Brasil tienen que importar ahora grandes cantidades de alimentos. En Brasil ya se han perdido 10 millones de sacos de café debido al persistente FRÍO. También en Sudáfrica las cosechas se han visto gravemente afectadas por un frío récord. En Estados Unidos, el frío y la sequía amenazan con reducir las cosechas de cereales hasta en un 70% (¿qué tendrán que comer pronto los estadounidenses?), y las imágenes de los desastres por inundaciones en Europa y China dieron la vuelta al mundo.

El "cambio climático" siempre ha estado ahí y siempre estará. El calentamiento suave y perfectamente normal del siglo pasado fue una recuperación muy necesaria tras el Mínimo de Dalton, un período frío de pérdida de cosechas, enfermedades, escasez y pobreza.

No son los seres humanos, sino el enfriamiento global, lo que históricamente siempre provoca condiciones meteorológicas inestables y más extremas. Los alarmistas de la política y los medios de comunicación no hacen más que difundir el cuento dogmático y anticientífico de que el clima siempre debe permanecer casi constante y estable, y que algo así como unas fracciones de un porcentaje extra de CO2 provocaría un calentamiento catastrófico.

Por desgracia, nuestro futuro es frío

Aumento de las temperaturas = clima más estable, buenas cosechas, menos enfermedades, mejores condiciones de vida y mayor biodiversidad. Esto siempre ha sido así desde tiempos inmemoriales. Por eso los bosques tropicales contienen la mayor parte de todas las especies de plantas y animales de la Tierra, a pesar de ocupar sólo el 12% de la superficie terrestre. Por eso las civilizaciones florecieron durante los periodos de aumento de las temperaturas, y volvieron a decaer cuando se enfriaron.

Bajada de temperaturas = SIEMPRE grandes problemas. La vida tiene muchas más dificultades para adaptarse al frío que al calor. Fíjate en los polos; allí sólo viven 600 especies de plantas, 100 de aves, ninguna de reptiles y anfibios, y sólo 20 especies de mamíferos. Frío = clima inestable = cosechas pobres y fallidas = hambre = enfermedades = escasez = guerra, y mucha miseria y muerte.

Por desgracia, nuestro futuro es frío, y por desgracia ese futuro ya ha comenzado. El sol ha entrado en un nuevo Gran Mínimo Solar, un ciclo de 400 años que provocará un enfriamiento prolongado con temperaturas muy bajas. El IPCC no quiere que usted sepa esto. De hecho, el IPCC se niega a considerar esto, porque de lo contrario estos hechos socavan su fantasía del AGW (Calentamiento Global Antropogénico). El gobierno tampoco quiere que lo sepas, y está desmontando lo que podría ayudarnos a superar este periodo frío: la energía estable y asequible (petróleo, gas, nuclear, carbón), y la está cambiando por fuentes "verdes" extremadamente dependientes del clima, insostenibles y muy caras.

La influencia del sol es apenas máxima

El IPCC afirma que la influencia del sol en el clima es mínima. Esta afirmación es simplista, por no decir totalmente ridícula, ya que, además de los datos concretos de la historia, los verdaderos científicos demuestran una y otra vez que el sol es el principal impulsor del cambio climático. Por ejemplo, un sol más débil permite que entren más rayos cósmicos en nuestra atmósfera, aumentando la actividad volcánica y promoviendo la formación de nubes, cosas que afectan en gran medida a la temperatura.

Un reciente estudio astronómico ha descubierto que la temperatura demasiado elevada de Júpiter -un misterio que no se ha podido explicar en 50 años- está causada por la intensa aurora (= actividad solar) que rodea al planeta, que tiene un poderoso impacto en el campo magnético. Este efecto decisivo de los rayos cósmicos en las atmósferas de los planetas, y por tanto en el clima y la temperatura, es completamente ignorado por el IPCC. Lo mismo ocurre con el efecto amplificador resultante de la rápida disminución del campo magnético de nuestro planeta.

El panel climático de la ONU, a pesar de los numerosos estudios científicos, ha decidido simplemente que el sol no debe influir en el clima, porque esto socava completamente su teoría del CO2 y, por tanto, su derecho a existir. Esto es pura charlatanería ideológica, que en la historia sólo conoce su igual en los "científicos" que el Vaticano impulsó para "demostrar" que la Tierra era el centro del universo, y que era realmente plana y no redonda.

Nivel extremadamente bajo de CO2 en la atmósfera

Además, simples hechos innegables, como las escasas 450 partes por millón de CO2 en nuestra atmósfera (= 0,04%) que es históricamente un nivel extremadamente BAJO* (pero justo por encima del límite en el que es posible la vida en la Tierra (300 ppm)), deberían hacer que incluso las personas menos reflexivas y más dóciles, sin ningún conocimiento científico, se preguntaran por qué se hace tanto alboroto por un aumento minúsculo de un gas perfectamente natural y necesario para toda la vida, que es criminalmente tergiversado como un "gas venenoso".

(* En una escala de tiempo geológica, hubo una vez 7000 ppm de CO2 en la atmósfera. El planeta NO estaba cubierto de agua entonces porque todo el hielo se habría derretido por el calor).

Pero, por desgracia, 99 de cada 100 personas tienen una mentalidad esclava innata. Si alguien con suficiente poder y autoridad afirma algo, lo creerán automáticamente, por muchas pruebas que haya en contra, por muy diametral y obtuso que sea el mensaje y la política. La docilidad inepta parece estar en el ADN de todos nosotros, y los psicópatas del poder que siempre y en todas partes consiguen llegar a la cima están muy contentos de abusar de ella históricamente.

Modelos falsos de "calentamiento" que no tienen nada que ver con la realidad

Modelos falsos de "calentamiento" que no tienen nada que ver con la realidad

Y así se obtienen modelos falsos en los que se sustraen billones de euros y dólares de la sociedad (sanidad, educación, trabajo, calidad de vida, desarrollo) para financiar las políticas climáticas, a pesar de que ninguno de esos modelos se ha acercado siquiera a la realidad. ¿Recuerdan las anteriores tonterías del IPCC? Se suponía que el Polo Norte se habría derretido por completo primero para el año 2000, luego para el 2012 y después para el 2020, que la nieve sería cosa del pasado y que zonas costeras enteras se habrían inundado de agua (Florida, Europa, etc.). Todo resultó ser una pura patraña.

CÓDIGO ROJO por la toma de poder del culto a la vacuna climática

Pero los miles de científicos que tienen una opinión totalmente diferente a la del IPCC, basada en los hechos reales, no son escuchados y no salen en los medios de comunicación. En su lugar, el público se ve constantemente inundado por informes alarmistas de noticias falsas y titulares estridentes como "Código rojo para la humanidad". Sólo hay una razón para esto, y no se llama clima, sino control totalitario sobre TODOS los aspectos de tu vida a través de la implementación de perturbadores "bloqueos climáticos", aparentemente para "salvar el planeta y la humanidad", pero en realidad para condenarte a una pobre y miserable existencia de esclavo de la que no hay escapatoria.

Las políticas climáticas y Covid/vacunas están causando un daño desastroso e irreparable al suministro global de alimentos, las cadenas de transporte, la economía y la calidad de vida. Durante los próximos "bloqueos climáticos", la población será mucho más fácil de controlar una vez que finalmente se rebele debido a la continua escasez de alimentos y energía, y se podrán imponer rápidamente medidas aún más draconianas. Ya no tendrá ni voz ni libertad, y una gran parte de su riqueza habrá desaparecido (ver también nuestro artículo del 12-01: Deutsche Bank: Green Deal EU significa megacrisis, ecodictadura y gran pérdida de riqueza).

Así que, efectivamente, hay un CÓDIGO ROJO para la humanidad. Sin embargo, no por el clima, sino por la secta climática-vacuna apoyada por casi todos los partidos que se ha apoderado de todo nuestro sistema político, y que quiere someter a nuestra gente, al mundo y al futuro en un tempo rápido a una autoridad mundial comunista de la ONU/OMS/FEM/UE/FMI, la dictadura más dura e inhumana que ha conocido este planeta.

Nuestros otros libros

Consulte nuestros otros libros para ver otras noticias no divulgadas, hechos expuestos y verdades desacreditadas, y mucho más.

Únase al exclusivo Círculo de Medios de Comunicación de Rebel Press.

Todos los viernes recibirás en tu bandeja de entrada nuevas actualizaciones sobre la realidad no denunciada.

Inscríbase hoy aquí:

https://campsite.bio/rebelpressmedia

www.ingramcontent.com/pod-product-compliance
Lightning Source LLC
Chambersburg PA
CBHW070533160726
48003CB00004B/1770